Johann Nestroy

**Freiheit in Krähwinkel**

Posse mit Gesang in 2 Abtheilungen und 3 Akten

Johann Nestroy

**Freiheit in Krähwinkel**
*Posse mit Gesang in 2 Abtheilungen und 3 Akten*

ISBN/EAN: 9783744658249

Hergestellt in Europa, USA, Kanada, Australien, Japan

Cover: Foto ©Thomas Meinert / pixelio.de

Weitere Bücher finden Sie auf **www.hansebooks.com**

# Freiheit in Krähwinkel.

Posse mit Gesang in 2 Abtheilungen und 3 Akten.

1. Abtheilung:    **Die Revolution**
2.        „        **Die Reaction.**

Von

## J. Nestroy.

**Berlin** und **Leipzig,**
Alfred H. Fried & Cie.

# Personen.

---

Bürgermeister und Oberältester von Krähwinkel.
Sperling Edler von Spatz.
Rummelpuff, Kommandant der Krähwinkler Stadtsoldaten.
Pfiffspitz, Redakteur der Krähwinkler Zeitung.
Eberhard Ultra, dessen Mitarbeiter.
Reaczerl Edler von Zopfen, geheimer Stadtsekretär.
Frau von Frankenfrei, eine reiche Wittwe.
Sigmund Siegl,         )
Willibald Wachs,       ) subalterne Beamte.
Frau Klöppl, Wittwe.
Franz, Kellner.
Klaus, Rathsdiener.
Emerenzia, dessen Gattin.
Cäcilie, seine Tochter.
Der Nachtwächter.
Walpurga, dessen Tochter.
Pemperl, Klempnermeister,    )
Schabenfellner, Kürschner,   ) Rathsbeisitzer.
Frau Pemperl.
Frau Schabenfellner.
Babett, Pemperls Tochter.
Frau von Schnabelbeiß, Geheimräthin.
Adele, ihre Tochter.
Eduard, Bedienter der Frau von Frankenfrei.
Einwohner von Krähwinkel.

---

# Erster Akt.

## Scene 1.

### Nachtwächter, Pemperl, Schabenfellner, Bürger

(sitzen um einen Tisch und trinken).

#### Chor.

Was recht is, is recht, doch was z'viel is, is z'viel,
Der Chef unserer Stadt thut mit uns, was er will,
D'ganze Welt thut an Freiheit sich lab'n,
Nur wir Krähwinkler soll'n keine haben.
Die Krähwinkler, Mordsapperment,
Sind ebenfalls ein deutsch' Element,
D'rum lassen wir jetzt nimmer nach, Freiheit muß sein.
Wir erringen's, und sperren's uns auch lebenslänglich ein.

**Nachtwächter.** Anders muß's wer'n, und anders wird's wer'n, die Zeiten der Finsterniß sind einmal vorbei.

**Pemperl.** Wenn d'Finsterniß abkummt, können d'Nachtwachter alle Tag' verhungern.

**Nachtwächter.** Hör' auf, Klampferer, mit Deine blechenen G'spaß. Wir sitzen hier versammelt, als Kern der Krähwinkler Bürgerschaft, und da kann nur von einer Geistesfinsterniß die Red' sein.

**Schabenfellner.** Mir wär' b'Freiheit schon recht, wenn ich nur wußt', ob dann die hiesige Nationalgarde Grenadiermützen kriegt.

**Nachtwächter.** Sie sind mehr Kürschner, als Mensch.

**Pemperl.** Durch die Freiheit kommt auch 's Fuchsschwanzen ab, is auch wieder ein Schaden für die Kürschner.

**Nachtwächter.** Von einem Menschen, der seine Waare aus Rußland bezieht, laßt sich nichts Liberales erwarten.

1*

**Pemperl.** Still, ich glaub' — richtig' 's kommt Einer vom Amt.

## Scene 2.

### Klaus. Vorige.

**Klaus** (durch die Mitte). Schön' guten Abend, meine Herren Mitbürger.

**Nachtwächter** (leise zu Pemperl). Is schon wieder der Spitzl da.

**Pemperl** (leise zum Nachtwächter). Ach, das wär' z'rund, wenn der a Spitzl wär'.

**Klaus.** Ich werd' a Bisserl mit trinken, im Uebrigen, trinken's ungenirt fort.

**Nachtwächter.** Wir werden so frei sein.

**Klaus.** So frei sein? So ruchlose Ausdruck sollten Sie nicht gebrauchen, ich bin vom Amt, und wir lieben das nicht, daß der Mensch frei is.

**Pemperl** (zur Gesellschaft). Setzen wir uns in Garten hinaus, 's is angenehmer in der freien Luft.

**Klaus.** Wenn's nur nicht gar so frei wär', die Luft, ich bleib' herin.

**Pemperl.** Das is g'scheit, so brauchen wir Ihnen nicht auf'n G'nack z'haben. (Zum Nachtwächter.) Komm der Herr.

**Nachtwächter.** Nein, ich bleib' noch a Weil' da, ich muß ihm a Gall' machen.

**Die Bürger** (die Gläser nehmend und Klaus mit einem scheelen Blick ansehend). Schau'n wir, daß wir weiter kommen. (Rechts ab.)

## Scene 3.

### Nachtwächter. Klaus.

**Klaus.** Sonderbar, daß wir vom Amt so wenig Sympathie haben unter'm Volk.

**Nachtwächter.** Is Ihnen leid, daß S' jetzt nichts rapportiren können bei Seiner Herrlichkeit?

**Klaus.** Herr Nachtwachter, frotzeln Sie mich nicht, Sie sind selbst Beamter.

**Nachtwächter.** Ich thu' meine Schuldigkeit, deswegen bin ich aber doch ein freisinniger Mensch.

**Klaus.** Als solcher sind Sie uns bereits denunzirt, wir wissen, daß Sie auswärtige Blätter lesen, sogar österreichische.

**Nachtwächter.** Na, und was is weiter?

**Klaus.** Diese Blätter waren einst — so unschuldig, wie gewässerte Millich, und jetzt unterstehen sie sich, den Absolutismus zu verheanzen.

**Nachtwächter.** Unser Bürgermeister kriegt gewiß über jeden Artikel die Krämpf'.

**Klaus.** Sie haben noch einen Fehler, den wir recht gut wissen.

**Nachtwächter.** Und der wäre?

**Klaus.** Sie denken bei der Nacht über das nach, was Sie beim Tag gelesen haben, das liebt die Krähwinkler Regierung nicht.

**Nachtwächter.** Natürlich, 's Denken is viel größeren Regierungen verhaßt.

**Klaus.** Mit einem Wort, ich kann Ihnen sagen, daß Sie sehr schwarz angeschrieben sind bei uns.

**Nachtwächter.** Mein G'schäft ist die Nacht, die Nacht is schwarz, also verschlaget mir das nix.

**Klaus.** Sie reden sich —

**Nachtwächter.** Doch nicht um den Kopf?

**Klaus.** Das will ich nicht direkte behaupten, aber um den Magen, wenigstens um das, was den Magen füllt.

**Nachtwächter.** Larifari! In freisinnigen Ländern wächst auch Getreid'.

**Klaus.** Sie reden in den Tag hinein, und das is bei einem Nachtwächter unverzeihlich.

**Nachtwächter** (böse werdend). Herr Klaus —

**Klaus.** Kurz und gut, ich sag' Ihnen, beachten Sie meine bureaukratischen Winke, wenn Sie anders die Fortdauer Ihrer Existenz nicht in Frage gestellt wissen wollen.

**Nachtwächter.** Kümmer' sich der Herr Klaus um die seinige. Die Freiheit hat noch keinen einzigen Nachtwächter, wohl aber schon a paar tausend Spitzln brotlos gemacht.

**Klaus** (stolz). Verhungert is deswegen doch noch keiner, a Zeichen, daß's noch heimlich alleweil gefuttert werden.

Und jetzt schweigen Sie, Sie sind ein Aufrührer, ein Wühler, ein Demagog.

Nachtwächter. Ich bin ein Nachtwächter, der in einer Stund' schreien wird; Zwölf hat's geschlagen! Und die Zwölf wird der Herr Klaus auf sein' Buckel haben.

Klaus. Hilfe! Meuterei, Blutbad, Verrath!

## Scene 4.

### Vorige. Cäcilie. Walpurga.

Cäcilie. Himmel, der Vater! —

Walpurga. Was is denn g'schehen?! —

Nachtwächter. 's is nix als ein Streit.

Klaus. Ein Meinungskrieg. —

Cäcilie. Aber der Herr Nachtwächter hat ja die Faust geballt.

Klaus. Er spielt eine mir feindlich-politische Farbe.

Nachtwächter. Der Herr Klaus wird gleich braun und blau spielen. —

Walpurga. Wär' nicht übel, die Töchter flattern als sanfte Tauben herein —

Nachtwächter. Und die Väter stehen da im Hahnen-kampf.

Cäcilie (zu Klaus). Ich habe Ihnen den Hausschlüssel gebracht.

Walpurga (zum Nachtwächter). Und ich dem Vater die Schlafhauben.

Klaus (zu Cäcilie). Du bist eine gute Tochter, die andere auch, aber es is mir leid —

Nachtwächter (zu Cäcilie). Wenn Sie nicht die Raths-bienerische wären, hätte ich gar nichts gegen die Bekanntschaft mit meiner Tochter.

Klaus (zu Beiden). Meine Beziehungen zum Staat machen Eure fernere Freundschaft unstatthaft. —

Cäcilie. Was? —

Walpurga. Ich soll die Cilli nicht mehr gern haben?

Nachtwächter (zu Cäcilie). Sie haben einen absoluten Vater.

Klaus (zu Walpurga). Und Sie einen radikalen Er-zeuger.

Nachtwächter. Gebens Acht, daß's vom Radikalen
kein Rabi krieg'n. Komm, Tochter, ehe mich diese bureau=
kratische Zuwag zum zweitenmal aus der Fassung bringt.
(Mit Walpurga zur Mitte ab).

## Scene 5.

Klaus, Cäcilie, später Sigmund und Willibald.

Klaus. Maßlose Kühnheit! Aber jedes Wort soll zu
den höchsten Staatsohren, nämlich zum Bürgermeister seine
gelangen. — Schad', daß ich nicht gesagt hab': Sie Esel
Sie! Aber die guten Gedanken kommen immer zu spät.

Cäcilie. Die Tochter aber kann doch gewiß nichts
davor.

Klaus. Still, unwürdiges Staatskind!
(Sigmund Sigl und Willibald Wachs treten zur Mitte ein).

Sigmund. Was bedeutet die Aufregung, in der ich
dem Nachtwächter begegnete?

Willibald. Walpurga warf mir einen traurigen
Blick zu.

Klaus (lächelnd). Ihnen? Glaubens, man weiß das
nicht? —

Willibald. Was? —

Klaus. Na, mir g'fallt das, wenn sich zwei Neben=
buhler so gut mit einander vertragen.

Sigmund. Ich, Willibalds Nebenbuhler?

Klaus. Bei der Nachtwächterischen Tochter. —

Willibald. Die hat ja der Alte dem Schwadroneur
Ultra zugedacht.

Sigmund (leise zu Cilli). Meine Cäcilie! —

Cäcilie (leise). Gott! Wenn's der Vater merkt!

Willibald. Ich habe keine Hoffnung. —

Klaus. Die hätten Sie auf keinen Fall, denn das is
ja der Beglückte. (Auf Sigmund deutend.)

Willibald. Bei Walpurga? (Bei Seite.) Der Irrthum
kann meinem Freunde von Nutzen sein.

Klaus. Sehens, jetzt giebt er g'rad' meiner Cilli a
Post auf an sie.

Sigmund (ohne zu bemerken, daß er beobachtet wird).
Ach! —

**Klaus** (zu Willibald). Hören Sie, wie er seufzt, (Laut.) Mussi Sigl!

**Sigmund** (erschrocken sich umwendend). Herr Klaus —

**Klaus.** 's is nichts, meine Tochter darf nicht mehr hin zu der Nachtwächterischen Walperl. (Zu Cäcilie.) Geh' nach Haus und sag' der Mutter, daß sie mir ja nicht mehr den Nachtwächter grüßt, wenn sie ihm begegnet.

**Cäcilie.** Gleich, Vater! Adieu! (Mit einem schüchternen Knix die beiden Herren grüßend zur Mitte ab.)

## Scene 6.

### Vorige, ohne Cäcilie.

**Klaus.** Nicht wahr, der Nachtwächter haßt nicht den Menschen, sondern nur den Beamten in Ihnen?

**Willibald.** Nein, nur meiner ämtlichen Stellung willen feindet er mich an.

**Klaus.** Ich frag' ja den! — (Auf Sigmund zeigend.)

**Willibald.** Ja so! — Unter Anderm, Herr Klaus, nicht wahr, Sie würden doch, wenn's Ernst wäre, einem wirklichen Amts-Aktuarius Ihre Tochter nicht verweigern?

**Klaus.** O ja! Unbedingt!

**Sigmund.** Wenn aber —

**Klaus.** 's Mädel is ja gar nicht zum Heirathen.

**Willibald** (lachend). Das wär' der Teufel! —

**Klaus.** Konträr, sie ist Himmelsbraut, sie geht in's Kloster.

**Sigmund.** Wenn sie aber keine Neigung —

**Klaus.** Das kommt schon, wenn sie nur einmal b'rin is, sie ist von Kindheit auf dazu bestimmt. Sie war damals acht Jahr, und da hat meine Alte so an die Krämpf g'litten, und da haben wir's kleine Mädl in's Kloster verlobt, und von der Stund' an waren meiner Alten ihre Krämpf wie weggeblasen.

**Willibald.** Na, wenn man nur weiß, was hilft.

**Sigmund.** Und deswegen soll sie ein Opfer —

**Klaus.** Ich bin gewiß Bureaukrat mit Leib und Seel', (Zu Willibald.) aber das werden Sie doch einsehen, Himmelsbraut ist was Höheres, als wenn sie den schönsten Beamten kriegt. Ich richt' mich in Allem nach dem, was mir die Ligurianer sagen, das sind meine Leut'.

Sigmund. Willibald — mir wird so — es schnürt mir die Brust zusammen.

Klaus (zu Willibald). Das is Alles wegen der Nacht= wächterischen, führen Sie ihn an die frische Luft, ich kann nicht mitgehen, ich bin da einem freisinnigen Bandl auf der Spur.

Willibald (führt Sigmund zur Mitte ab).

Klaus (allein). He! Kellner! — So viel is g'wiß, das is das mißvergnügte Wirthshaus, hier versammeln sie sich, hier ist der Herd der Revolution. (Zum Kellner, welcher a tempo eintritt.) Bringens mir drei paar Würstel in Garten, a Schnitzl mit Erdäpfel, saure Niernbln und a Krenfleisch. (Kellner ab.) O, ich komm noch auf Alles, was hier auskocht wird! (Rechts ab.)

## Scene 7.

### Ultra

(tritt während des Ritornells des folgenden Liedes ein).

#### Lied.

Unumschränkt haben's regiert,
Und kein Mensch hat sich g'rührt,
Denn hätt's Einer g'wagt
Und ein freies Wort g'sagt,
Den hätt' b' Festung belohnt,
Das war man schon g'wohnt.
Ausspionirt habens Alles glei,
Für das war d' Polizei.
Der G'scheite ist verstummt,
Kurz 's war Alles verdummt,
Diese Zeit war bequem
Für das Zopfensystem.

Auf einmal geht's los
In Paris ganz kurios,
Dort sind's fuchtig worn,
Und haben in ihrem Zorn,
Weil's d' Knechtschaft nicht lieben,
Den Louis Philipp vertrieb'n.

Das Beispiel war bös,
So was macht a Getös,
Und völlig über Nacht
Ist ganz Deutschland erwacht,
Das war sehr unangenehm
Für das Zopfensystem.

Da fing z' denken an
Der gedrückte Unterthan:
Zum Teuxel hinein,
Muß ich denn ein Sklav' sein?!
Ein Fürst ist zwar ein Herr,
Aber ich bin Mensch wie er;
Und kostet's den Hals —
Rechenschaft soll für All's
Gefordert jetzt wer'n
Von die großmächtigen Herrn.
Da waren's sehr in der Klemm
Mit'n Zopfensystem.

Das wär' wieder verflog'n,
's Wetter hätt' sich verzog'n,
Wenn nicht Etwas g'scheh'n wär',
Was Großartig's auf Ehr'.
Auf einen Wink wie von oben,
Hatt' sich Oesterreich erhoben.
Dieser merkwürdige Schlag
Hat g'steckt in ein' Tag
Den Ministern ihr Ziel,
's war' verrathen ihr Spiel.
Jetzt sind's alle Groß=Schlemm
Mit'n Zopfensystem.

Aus dem glorreichen freiheitstrahlenden Oesterreich führt mich mein finsteres Schicksal nach Krähwinkel her. Nach Krähwinkel, wo's noch mit die physischen Zöpf parabiren, folglich von der Abschneidungsnothwendigkeit der moralischen keine Ahnung haben. Nach Krähwinkel, wo man von Recht und Freiheit als wie von chimärisch blitzblaue Spatzen redt. Is uns aber auch nit viel besser gangen und zwar aus dem nämlichen Grund; Recht und Freiheit sind ein paar be-

deutungsvolle Worte, aber nur in der einfachen Zahl un=
endlich groß, d'rum hat man sie uns auch immer nur in der
werthlosen vielfachen Zahl gegeben. Das klingt wie ein
mathematischer Unsinn, und is doch die evidenteste Wahrheit.
Es is grad wie manche Frau, die sehr viele Tugenden hat.
Sie hat einen freundlichen Humor und brummt nicht, wenn
der Mann ausgeht, — das is eine Tugend, — sie hat ein
gutes Herz, das ist eine Tugend, sie bringt die fünfte Schale
Kaffee schon schwer hinunter, das is auch eine Tugend, und
trotz so vieler ihr innewohnenden Tugenden is doch Tugend
bei ihr nicht zu Haus; g'rad so is uns mit Freiheit und
Recht ergangen. Was für eine Menge Rechte haben g'habt
diese Rechte der Geburt, die Rechte und Vorrechte des Standes,
dann das höchste unter allen Rechten, das Bergrecht, dann
das niedrigste unter allen Rechten, das Recht, daß man
selbst bei erwiesener Zahlungsunfähigkeit und Armuth Einen
einsperren lassen kann. Wir haben ferner Recht g'habt,
nach erlangter Bewilligung Diplome von gelehrten Gesell=
schaften anzunehmen. Sogar mit hoher Genehmigung das
Recht, ausländische Courtoisie=Orden zu tragen. Und trotz
all' diesen unschätzbaren Rechten haben wir doch kein Recht
g'habt, weil wir Sklaven waren. Was haben wir ferner
alles für Freiheiten g'habt! Ueberall auf'n Land und in
den Städten zu gewissen Zeiten Marktfreiheit. Auch in
der Residenz war Freiheit, in die Redoutensäle nämlich die
Maskenfreiheit — noch mehr Freiheit in die Kaffeehäuser, wenn
sich ein Nichtsverzehrender ang'lehnt und die Piramidler
genirt hat, hat der Marqueur laut und öffentlich g'schrien:
Billardfreiheit! Wir haben sogar Gedankenfreiheit g'habt,
insofern wir die Gedanken bei uns behalten haben. Es
war nämlich für die Gedanken eine Art Hundsverordnung.
Man hat's haben dürfen, aber am Schnürl führen — wie
man's loslassen hat, habens einems erschlagen. Mit einem
Wort, wir haben eine Menge Freiheiten gehabt, aber von
Freiheit keine Spur. Na, das is anders geworden, und wird
auch in Krähwinkel anders werden. Wahrscheinlich werden
dann von die Krähwinkler viele so engherzig sein und nach
Zersprengung ihrer Ketten, ohne gerade Reaktionär' zu sein,
dennoch kleinmüthig zu raunzen anfangen: O mein Gott,
früher is es halt doch besser gewesen, — und schon das

ganze Leben jetzt — und diese Sachen alle — aber das macht nichts, man hat ja selbst in Wien ähnliche Raisonne= ments gehört. Und sonderbar, gerade die, die es am schwersten betrifft, verhalten sich am ruhigsten dabei. Das sind die Hebammen und die Dichter; für die Hebammen kann das gewiß nicht angenehm sein, daß jetzt die Geburt nix mehr gilt, und die Dichter haben ihre beliebteste Ausred' eingebüßt. Es war halt eine schöne Sach', wenn einem nichts eing'fallen is, und man hat zu die Leut' sagen können: Ach Gott! Es is schrecklich, sie verbieten einem ja Alles. Das fallt jetzt weg, und aus dem Grund, und aus vielen andern Gründen, — ah, mein Prinzipal! —

## Scene 8.
### Voriger. Pfiffspitz.

**Pfiffspitz** (zur Mitte eintretend). Da haben wir's, im Wirthshaus muß ich meinen Herrn Mitarbeiter suchen, da ist's freilich angenehmer als im Redaktions=Bureau.

**Ultra.** Ich bin überall gerne, wo man mir Vertrauen schenkt, und jedes Seidl, was man mir hier einschenkt, ist verkörpertes Vertrauen.

**Pfiffspitz.** Ich bin nicht so glücklich. — Hier im Bock borgt man mir nicht für fünf Groschen.

**Ultra.** Ja, warum haben Sie die fünf Krügeln g'lobt, g'schieht Ihnen schon recht!

**Pfiffspitz.** Was will ich denn thun, wenn mir der Wirth einen Eimer Wein aufbringt?

**Ultra.** Das allein war nicht die Ursache, machen Sie sich nicht schmutziger, als Sie sind. Die scheußliche Censur, welche Ihnen jeden vernünftigen Aufsatz streicht, hat Ihnen, da Sie einmal die Verpflichtung haben, Ihren Abonnenten kein weißes Papier zu verkaufen, keine andere Ressource ge= lassen, als heute dieses und morgen jenes Beisel auf Kosten der Uebrigen herauszustreichen. Wien ist gewiß viel größer als Krähwinkel, und hat gewiß viel gescheitere Journalisten, als Sie sind —

**Pfiffspitz** (gekränkt). Herr Mitarbeiter! —

**Ultra.** Auch gescheitere, als ich bin, brauche ich nur noch hinzuzusetzen. Wiens Journalisten haben in den ersten

acht Tagen der Freiheit die fabelhafte Auszeichnung er=
rungen, daß die österreichischen Blätter im Auslande ver=
boten worden sind, und blättern Sie einige Monate zurück
in diesen österreichischen Blättern, so werden Sie, außer ein
Bisserl Theaterpolemik, nichts anders finden als: Neueröffnete
Gasthauslokalität, abermaliger Zierdezuwachs der Residenz,
prachtvolle Dekorirung, gediegener Geschmack des Herrn
Pritschelberger, prompte Bedienung durch höfliche Kellner,
zum Schlusse ein serviler Appendix über das gemüthliche
Glück in Wien. Ja, so tief hat eine niederträchtig hohe
Behörde die öffentlichen Organe erniedrigt, also brauchen
Sie sich als Ausfüller der Krähwinkler Spalten keine Extra=
skrupeln zu machen.

Pfiffspitz. Ja, wenn Sie nur ausgefüllt wären, aber
da sehen Sie her! (Zeigt ihm ein Pack weißes Druckpapier.)

Ultra. Das verdammte weiße Papier! Dieser Druck
in Rücksicht des Druckes ist etwas Drückendes für einen
Menschen, der da lebt vom Druck.

Pfiffspitz. Alle Ihre Aufsätze hat man mir ge=
strichen.

Ultra (mit Selbstgefühl). Also hat mich meine Hoff=
nung nicht getäuscht, ich habe etwas Gutes geliefert.

Pfiffspitz (trostlos). Aber das weiße Papier, liebster
Mitarbeiter!

Ultra. Lassen Sie das drucken, was Sie selbst auf=
gesetzt haben, das wird gewiß im Geiste der Behörde sein,
(bei Seite) das heißt: es wird gar keinen haben.

Pfiffspitz. Wenn ich selbst schreiben wollte, für was
bezahlte ich einen Mitarbeiter?

Ultra. Wo steht denn das g'schrieben, daß der Mit=
arbeiter der Alleinarbeiter sein soll? Aber trösten Sie sich,
es muß anders werden.

Pfiffspitz. Woher vermuthen Sie das?

Ultra. In dem klaren Gefühl, so kanns nicht bleiben,
liegt eine Ahnungsgarantie, da steht immer schon die Zu=
kunft als verschleierte Schönheit vor uns. Konstitution,
Freiheit, junges Krähwinkel, das Alles schwebt über unsern
Häuptern, wir dürfen nur greifen danach.

Pfiffspitz. Revolution in Krähwinkel? Dahin kommt
es wohl nie!

Ultra. Wer sagt Ihnen das? Alle Revolutions=Elemente, alles Menschheitempörende, was sie wo anders im Großen haben, das haben wir hier im Kleinen. Wir haben ein absolutes Regierungsformerl, wir haben ein un=verantwortliches Ministeriumerl, ein Bureaukraturl, ein Censurerl, Staatsschulderln, weit über unsere Kräfterln, also müssen wir auch ein Revolutionerl und durchs Revolutionerl ein Konstitutionerl und endlich a Freiheiterl krieg'n.

Pfiffspitz. Was thu' ich aber bis dahin mit meinen sechsunddreißig Abonnenten?

Ultra. Die Zeit ist näher als Sie glauben. Dumpf und gewitterschwanger rollt's am politischen Horizont. (Horchend.) Still, ich hör' wirklich was. (Man hört rechts in der Ferne verworrene Stimmen.) Da geht was vor!

Pfiffspitz. Was denn? —

## Scene 9.
### Vorige. Klaus.

Klaus (in der größten Eile aus der Thüre rechts). Aufruhr! Aufruhr! Krawall! —

Pfiffspitz, Ultra (zugleich). Was ist denn geschehen?

Klaus. Sie haben mir den Haslinger zerbrochen, — und „fort Spitzl"! das waren die frevelhaften Worte.

Pfiffspitz. Ist's möglich? —

Klaus. Am Haslinger haben sie sich vergriffen.

Ultra. Haslinger=Verachtung, erster Morgenstrahl der Freiheitssonne! (Man hört Lärm von innen rechts.)

Klaus. Sie kommen! — Fort auf's Amt! Aufruhr! Krawall! — (Rennt zur Mitte ab.)

## Scene 10.
### Vorige. Pemperl. Schabenfellner. Bürger.
(Die Krähwinkler tumultuarisch von rechts auftretend.)

Die Krähwinkler. Wo ist er? Her mit ihm!

Pfiffspitz. Woher diese großartige Demonstration?

Die Krähwinkler. Schläg' muß er auch noch krieg'n!

Pfiffspitz. Gehen Sie nicht zu weit, meine Herren!

Die Krähwinkler. Schläg' ohne Gnad'! —

Ultra. Sie haben ihm den Haslinger zerbrochen?

Die Krähwinkler. Ja!

**Ultra.** Genügt Ihnen diese Errungenschaft, oder genügt sie Ihnen nicht? —

**Die Krähwinkler.** Nein, just nicht, uns genügt gar nix mehr!

**Ultra.** Das ist der Moment zu einer begeisternden Rede. (Steigt auf einen Stuhl.) „Meine Herren!" —

**Die Krähwinkler.** Vivat! —

**Ultra.** Erlauben Sie! (Seine Rede beginnen wollend.) „Meine Herren" —

**Die Krähwinkler.** Vivat hoch! —

**Ultra.** Ich bitte! (Wie oben) „Meine Herren!" —

**Die Krähwinkler.** Vivat! Dreimal hoch!

**Ultra** (vom Stuhle steigend). Der Enthusiasmus ist zu groß, von Red'halten is da keine Spur. (Laut zu den Krähwinklern.) Auf also! Freiheit! Umsturz! Sieg oder Tod!

**Die Krähwinkler.** Freiheit! Freiheit!

**Ultra** (entzückt zu Pfiffspitz). Das ist unerhört für Krähwinkel! (Zu den Andern.) Also an's Werk! Her über die Gewissen, zittern sollen sie — wohin wenden wir uns, wohin zuerst? —

**Die Krähwinkler.** In's Kaffeehaus!

**Ultra** (frappirt). Wa — was denn dort? —

**Pemperl.** Dort wird die Verabredung zu einer großartigen Katzenmusik getroffen.

**Ultra.** Bravissimo!

**Die Krähwinkler** (jubelnd). Heute Abend ist grandiose Katzenmusik. Vivat! (Alle stürzen zur Mitte ab.)

**Ultra** (triumphirend zu Pfiffspitz). Haben Sie's gehört? Katzenmusik, diese erste Frühlingslerche der Freiheit, wirbelt in der Luft, bald soll die Saat in voller Blüthe stehen. (Geht in großartiger Begeisterung zur Mitte ab.)

**Pfiffspitz** (folgt ihm kopfschüttelnd).

### Verwandlung.

Bureau der Krähwinkler Staatskanzlei, rechts und links Kanzleitische. Mittelthür. Seitenthüre rechts führt in das Kabinet des Herrn v. Reaczerl Edlen von Zopfen.

### Scene 11.

#### Sigmund, dann Reaczerl.

**Sigmund** (kommt in großer Hast zur Mitte herein). Das war Todesangst! Eine Minute später, und der Bureautyrann

kommt früher als ich und geschehen war's um meine Existenz.
(Hat schnell den Hut aufgehängt und setzt sich zum Schreibtisch.)

Reaczerl (zur Mitte eintretend). Hat sich noch kein Herr
Ultra gemeldet?

Sigmund. Unterthänigst, nein.

Reaczerl. Wenn er kommt, wird er sogleich zu Sr.
Herrlichkeit, dem Herrn Bürgermeister, geführt. Nicht wahr,
Sie staunen?

Sigmund. Unterthänigst, ja.

Reaczerl. Dem Mann steht eine große Carrière offen.
Er sollte als unruhiger Kopf auf dem Schub fortgeschickt
werden, aber ich gab Sr. Herrlichkeit zu bedenken, wie er
dann im Auslande über unsere Institutionen schmähen
würde. Wir werden ihn daher durch Anstellung an uns
ketten, und mit einem ansehnlichen Gehalte ihm das lose
Maul stopfen. Auf diese Weise hat die Staatsklugheit schon
manchen Demagogen unschädlich gemacht. Was schon über
drei Monate hier liegt, können Sie mir gelegentlich zur
Unterschrift unterbreiten. (Seitenthür links ab).

Sigmund (sich tief verbeugend). Unterthänigst, sehr wohl.


## Scene 12.

### Vorige. Willibald. Ultra.

Ultra (durch die Mitte). D'rum sag' ich, nur offen
reden —

Willibald. Da schau', Sigmund, (auf Ultra zeigend.)
der, den ich als vermeintlichen Nebenbuhler angefeindet hab',
der ist mein Freund geworden.

Ultra. Mich im Verdachte einer Heirathsidee zu haben!
Ehestand ist Sklaverei und ich bin Freiheit durch und durch
— mein Blut ist rothe Freiheit, mein Gehirn ist weiße
Freiheit, mein Blick ist schwarze Freiheit, mein Athem ist
glühende Freiheit —

Sigmund. Ich bitte, sprechen Sie nicht so laut!

Ultra. Ich genir mich nicht. —

Sigmund. Aber wir müssen uns geniren, Sie zu
hören.

Willibald. Da rechts das Kabinet Sr. Herrlichkeit,

da links das Bureau des geheimen Herrn Stadtsekretarius, Herrn von Reaczerl Edlen von Zopfen.

Ultra. Schöne Umgebung, die Sie da haben. Und außer Ihnen sind noch viele Beamte hier?

Willibald. Im Expedite sehr viele —

Sigmund. In der Registratur noch mehr.

Willibald. Jetzt erst in der Buchhaltung —

Sigmund. Und beim Magistrat —

Ultra. Wirklich, ich seh', es ist auch in Krähwinkel alles Mögliche gethan, um durch übertriebenen Status die Finanzen zu schwächen.

Sigmund. Wir Subalterne haben sehr kleine Gehalte.

Willibald. Und sehr viele wenn auch unnöthige Arbeit.

Ultra. Aber die, die nichts thun, die ziehen die enormen Besoldungen. Das is wo anders auch so, und damit das Enorme in's Himmelschreiende geht, kriegens noch Tafelgelder auch dazu.

Sigmund (ängstlich). Wir werden noch brotlos, blos weil wir mit Ihnen gesprochen haben. (Oeffnet die Seitenthüre rechts und meldet mit einer tiefen Verbeugung.) Herr v. Ultra.

Ultra (tritt in das Kabinet des Bürgermeisters, und Sigmund schließt hinter ihm die Thüre).

## Scene 13.

Vorige, ohne Ultra, später Frau von Frankenfrei.

Willibald. Wenn der Bürgermeister umstimmt —

Sigmund. Oh, gar kein Zweifel —

Willibald. Dann sag' ich zum Frohsinn: fahre hin Du Flattersinn, und zum Servilismus — (es wird geklopft). Herein!

Fr. v. Frankenfrei (zur Mitte eintretend). Meine Herren —

Sigmund. Meine Gnädige —

Willibald. Wie lange wurde uns das Glück nicht zu Theil, die interessanteste, eigentlich die einzige interessante Frau von ganz Krähwinkel zu sehen, die Frau, der man's auf den ersten Blick gleich ansieht, daß sie eine Fremde, und nur durch Zufall in unser Nest hereingeschleudert ist.

**Fr. v. Frankenfrei.** Und durch welch' traurigen Zufall — durch den Tod meines Gemahls!

**Sigmund.** Auf der Reise sterben, ist gar etwas Unangenehmes.

**Willibald.** Dafür ist er in Krähwinkel gestorben. Und an einem Orte, wo das Leben nichts bietet, kann der Tod nicht besonders schwer sein.

**Fr. v. Frankenfrei.** Ich muß allsogleich mit dem Bürgermeister sprechen.

**Sigmund.** In der Testamentssache?

**Willibald.** Das ist eine üble Geschichte. Hätte wirklich was Besseres thun können in seinen letzten Stunden, der Herr Gemahl, als sich den Ligurianern in die Arme zu werfen, und dem Prior das Testament in die Hände zu geben.

**Fr. v. Frankenfrei.** Ich habe aber den Inhalt genau gelesen, das Kloster erhält nur ein Legat, und nur für den Fall, daß ich mich nicht mehr verehelichte, fällt nach meinem Tode das andere, höchst bedeutende Vermögen den frommen Herren zu, und nun verweigert der Prior, das Testament meinem Advokaten einzusenden —

**Sigmund.** Ein Glück, daß der Herr Bürgermeister als Zeuge unterschrieben ist.

**Willibald.** Das Glück ist nicht so groß, denn wenn es auch Jeden von den beiden Herren einzeln verhindert, die gnädige Frau um das ganze Vermögen zu prellen, so werden sie ihr um so sicherer in brüderlicher Halbpartschaft Jeder die Hälfte stehlen, und daß der Herr Bürgermeister noch auf eine Hälfte, nämlich auf die reizende Wittwe selbst als Ehehälfte spekulirt, das is ja eine bekannte Sache.

**Fr. v. Frankenfrei.** Eher den Tod, als diesen gemeinen vandalistischen Finsterling.

**Willibald.** Und ihr hört es, ihr Mauern dieser Staatskanzlei und stürzt nicht zusammen ob diesen Frevelworten?

**Sigmund** (der an der Thüre rechts gelauscht). Täusch' ich mich nicht, ein Wortwechsel im Kabinette Sr. Herrlichkeit.

## Scene 14.

**Vorige. Bürgermeister. Ultra.**

**Ultra** (erzürnt von Seite rechts). Kein Wort weiter, ich will nichts mehr hören!

**Bürgermeister** (ihm folgend). Mein Herr —

**Ultra.** Für was halten Sie mich? Mir den Antrag zu machen, ich soll Censor werden! Das ist zu stark. —

**Bürgermeister.** Sind Sie denn wahnsinnig? Ich glaube, Sie wissen gar nicht, was ein Censor ist!

**Ultra.** Das weiß ich nur zu gut! Ein Censor ist ein menschgewordener Bleistift, oder ein bleistiftgewordener Mensch, ein fleischgewordener Strich über die Erzeugnisse des Geistes, ein Krokodil, das an den Ufern des Ideenstromes lagert und den darin schwimmenden Literaten die Köpf' abbeißt.

**Bürgermeister.** Welche Sprache? Das ist unerhört in Krähwinkel!

**Ultra.** Ich glaub's, weil's um hundert Jahr zurück seib's, und diese Sprache ist erst wenige Monate alt. In dieser neuen Sprach' sag' ich Ihnen jetzt auch, was die Censur ist. Die Censur ist die jüngere von zwei schändlichen Schwestern, die ältere heißt Inquisition. Die Censur ist das lebendige Geständniß der Großen, daß sie nur verdummte Sklaven treten, aber keine freien Völker regieren können. Die Censur ist etwas, was tief unter dem Henker steht, denn derselbe Aufklärungsstrahl, der vor sechzig Jahren dem Henker zur Ehrlichkeit verholfen, hat der Censur in neuester Zeit das Brandmal der Verachtung aufgedrückt.

**Bürgermeister** (wüthend). Meine Ohren! Herr! Wenn's nicht zu hoch käme, für Sie ließe ich eine Extra-Festung bauen, gegen die der Spielberg nur ein chinesisches Lusthaus wäre.

**Fr. v. Frankenfrei** (entrüstet zum Bürgermeister vortretend). Und so könnten Sie das freie Wort belohnen? —

**Bürgermeister** (frappirt). Meine verehrteste, — charmanteste — (zu Sigmund.) Warum hat man mir nicht gemeldet —

**Fr. v. Frankenfrei** (zu Ultra). Sie haben mir aus der Seele gesprochen, Sie sind mein Mann —

**Ultra.** Ich bin Ihr Mann?

2*

**Fr. v. Frankenfrei.** Das heißt — nämlich — ich meinte —

**Ultra.** Das Mißverständniß ist so schön, daß ich auf gar keine Entschuldigung bringe.

**Bürgermeister** (zu Fr. v. Frankenfrei). Ist es gefällig, in mein Kabinet zu spazieren? —

**Ultra** (zu Fr. v. Frankenfrei). Da drin werden Anstellungen vergeben. Die verstorbene Bürgermeisterin ist todt —

**Bürgermeister** (wüthend). Mensch —

**Ultra.** Hätten Sie mir einen anderen Namen gegeben, so hätt' ich gesagt selber einer, aber so —

**Fr. v. Frankenfrei** (zu Ultra). Hielten Sie mich für fähig —

**Bürgermeister.** Ich bitte — (will sie in sein Kabinet führen).

**Fr. v. Frankenfrei.** Ich bin gekommen, Ihnen zum letztenmale zu sagen, daß Ihre Umtriebe in Betreff meines Vermögens —

**Bürgermeister.** Hier ist nicht der Ort — (führt sie in sein Kabinet rechts ab).

**Ultra.** Die Bureaujünglinge sollen nicht erfahren, was sie für einen Chef haben —

**Bürgermeister** (sich an der Thür umwendend zu Sigmund) Fertigen Sie diesem propagandistischen Ausländer einen Laufpaß aus, in zwei Stunden muß er das Weichbild von Krähwinkel im Rücken haben. (Rechts ab).


## Scene 15.

### Ultra. Sigmund. Willibald.

**Ultra.** Das Weichbild im Rücken? Das ist ein hartes Urtheil.

**Willibald.** Was liegt Ihnen denn soviel an Krähwinkel?

**Ultra.** An Krähwinkel garnichts, aber Alles an dieser unbekannten Dame, die mich ganz damisch macht, wie sie g'sagt hat: „Sie sind mein Mann!" — Merkwürdig, wie mich da alle Wonnen des Eh'standes durchschauert haben. Oh, er hat nicht Unrecht, jener populäre Philosoph, wenn er sagt,

daß das Sein nur ein Begriffs-Aggregat mit markirten elektro=
magnetisch=psychologisch=galvanoplastischen Momenten ist.

Willibald. Ihr Zustand scheint bedenklich! Was
wollen Sie thun?

Ultra. Den Bürgermeister stürzen und auf den
Trümmern der Thrannei den Krähwinklern einen Freiheits=
dom und mir einen Hymentempel bauen, das ist gewiß eine
schöne Unternehmung.

Sigmund. Ich soll Ihnen aber auf Befehl Sr.
Herrlichkeit, und Sie wissen — bei uns steht immer die
Existenz auf dem Spiele — einen —

Ultra. Einen Laufpaß geben. Sagen Sie, Sie haben's
gethan —

Sigmund. Aber zu meiner Legitimation —

Ultra. Tragen Sie geschwind das Nöthige ein in
Ihr Buch.

Sigmund (sich zum Schreibtisch setzend). Name?

Ultra. Eberhard Ultra.

Sigmund. Geburtsort?

Ultra. Deutscher Bund.

Sigmund. Alt?

Ultra. Vierthalb Monate.

Sigmund. Was?

Ultra. Keine Stunde älter, so alt ist die Freiheit,
das Uebrige rechne ich für nichts.

Sigmund. Augen?

Ultra. Dunkel, aber hellsehend —

Sigmund. Nase?

Ultra. Freiheitsschnuppernd.

Sigmund. Mund?

Ultra. Wie ein Schwert. —

Sigmund. Statur? —

Ultra. Mittlere Barrikadenhöhe.

Sigmund. Besondere Kennzeichen? —

Ultra. Unruhiger Kopf —

Sigmund. Charakter? —

Ultra. Polizeiwidrig! Jetzt haben Sie Alles. (Zu
Willibald.) Und jetzt sagen Sie mir, wie kann ich dem
Bürgermeister hinter seine Regierungsschliche kommen? Denn

ich möchte vorläufig mit Lift gegen ihn operiren, bis es Zeit ist zum Gewaltstreich. Wem schenkt er sein Vertrauen?

Sigmund. Niemandem als dem Geheimen Rathsdiener Klaus.

Ultra. Und zu wem hat der sein Zutrauen? —

Willibald. Zu Niemandem als zu den Ligurianern.

Ultra. Das ist mir schon genug.

Willibald. Wie aber wollen Sie unerkannt hier verweilen?

Ultra. Wie anders als verkleidet, und dazu müssen Sie mir behilflich sein. Sie sehen, wie ich auf Ihre Freundschaft baue.

Willibald. Glücklicherweise kann ich Ihnen hierin — ach, das trifft sich ja herrlich. Voriges Jahr konnte hier ein armer Theaterprinzipal den Pacht nicht bezahlen. Seine Herrlichkeit ließen ihm die Garderobe pfänden.

Ultra. Damit sich der arme Teufel auch weiter nichts verdienen kann.

Willibald (zu Ultra). Zu dieser Garderobe kann ich Ihnen behilflich sein.

Ultra. Sehen Sie, wie der Weltlauf immer nemesirln thut. Seine eigene Schandthat liefert uns die Waffen gegen ihn. Sie begleiten mich jetzt, nicht wahr?

Sigmund (zu Willibald). Ich werde Dich beim Herrn von Reaczerl als unpäßlich entschuldigen.

Willibald (zu Sigmund). Thue das — (Zu Ultra.) Kommen Sie! —

Ultra. Noch Eins. (Zu Sigmund.) Wenn Sie die reizende Wittwe sehen, so sagen Sie ihr, wie Krähwinkel frei ist, so werd' auch ich so frei sein und sie an gewisse Worte erinnern. Sie hat gesagt: „Sie sind mein Mann," sagen Sie ihr, daß ich in diesem Punkte keinen Spaß verstehe. — Sie hat es vor Zeugen gesagt, so etwas ist sehr delikat, ich glaub', sie ist es meinem Ruf als Jüngling schuldig, daß sie mir am Altar gelegentlich ihre Rechte reicht. (Mit Willibald durch die Mitte, Sigmund links in's Kabinet ab.)

**Verwandlung.**

Zimmer des Rathsdieners Klaus. Im Hintergrunde ein altes Kanapee, keine Mittelthüre, Seitenthüre rechts ist der allgemeine Eingang, Thüre links führt in die Küche.

## Scene 16.

### Klaus. Emerenzia.

Es ist Abend. Klaus kommt mit einem Pack Zeitungen, ihm folgt Emerenzia, welche Licht bringt und es auf den Tisch stellt.)

**Klaus.** Ich sag' Dir's, Alte, es is a so und nicht anders. So wie vor siebzehn Jahren die Cholera, g'rab so geht jetzt die Freiheit herum.

**Emerenzia.** Mein Gott, wenn's uns heimsuchet, könnt's Dir was thun.

**Klaus.** Na, ob! — Die Freiheit packt immer zuerst das alte Ministerium, dazu gehör' offenbar ich, und so dürfte ich als ein's der ersten Opfer fallen.

**Emerenzia.** Na, sei so gut, und mach' mich in meine alten Tage zur Wittib.

**Klaus.** Hier ist nicht von dem ordinären Tod, sondern von dem Verlust des Einflusses, von meiner Stellung zum Staate die Rede, die Verhältnisse könnten mich zwingen, zu abdiciren, das ist für uns Große keine Kleinigkeit.

**Emerenzia.** Was hast denn da für Zeitungen? —

**Klaus.** Lauter österreichische. Ich trau' mir's gar nicht z'lesen. Nein, wie wir uns in dem Oesterreich getäuscht haben, das ist schauderhaft.

**Emerenzia.** Sollen thun, was sie wollen, bis nach Krähwinkel bringt die Freiheit doch nicht.

**Klaus.** Wenn uns etwas bewahren kann vor dieser Pest, so sind's die Ligurianer. Auf diese frommen Herren bau' ich noch meine ganze Hoffnung. (Es wird geklopft.)

## Scene 17.

### Ultra. Vorige.

**Emerenzia.** Klopft hat wer — Herein!

**Ultra** (als Ligurianer kostumirt, tritt rechts ein). Memento mori! Appropinquat pater fidelius animarum fidelium.

**Klaus** (mit freudigem Staunen). Ein fremder geistlicher Herr!

**Emerenzia.** Wir küssen's Kleid. —

**Ultra.** Der Herr Klaus kennt mich nicht? —

**Klaus.** Hab' noch nicht die hohe Ehre g'habt. Der Pater Severin kommt manchmal her. —

**Emerenzia.** Der Pater Ignatius —

**Ultra** (mit frommem Entzücken). Von Loyola.

**Klaus.** Der Pater Thomas.

**Ultra.** Ich bin der Pater Fidelius.

**Klaus.** Unendliche Auszeichnung — Alte, einen Sessel —

**Ultra.** Wenn der Herr Klaus die Andern kennt, so kennt er mich auch. Wir sind Alle auf einen Schlag. Mich schickt der Pater Prior. Es handelt sich um das Seelenheil des Herrn Bürgermeisters.

**Klaus.** Das is freilich keine Kleinigkeit. —

**Ultra.** D'rum möcht' ich unter vier Augen —

**Klaus.** Alte, verschwind! —

**Emerenzia** (rechts ab).

**Ultra.** Er verschweigt uns Manches aus weltlichen Rücksichten. Er macht Umtriebe —

**Klaus.** Er thut ja aber Alles im Einverständniß mit'n Pater Prior.

**Ultra.** Zur größten Ehre Gottes und zum Ruhme des heiligen Ignatius von Loyola. — Der Pater Prior schickt mich nun mit dem Auftrag, der Herr Klaus soll mir Alles sagen, was er weiß, damit wir kontrolliren können, ob uns der Bürgermeister wirklich Alles vertraut.

**Klaus.** Es ist ein Einziges, das is halt so was Wichtiges, das hat er nicht einmal dem Pater Prior g'sagt, — müssen mich aber nicht verrathen.

**Ultra.** Ein Jesuit, und Verrath! —

**Klaus.** Freilich, da hat man ja noch gar kein Beispiel, also sehen Sie, die Sach' is die! — Wir haben die vorige Woche ein hohes Rescript kriegt, ein abscheulich hohes Rescript. Mehrere europäische Großmächte waren unterzeichnet, als: Lippe-Detmold, Rudolstadt, Reiß-Greiz-Schleiz, nur Rußland is mir abgangen, das ist mir gleich aufgefallen.

Ultra. Und der Inhalt? —

Klaus. War eine Konstitution für Krähwinkel, die der Herr Bürgermeister augenblicklich hätt' proklamiren sollen.

Ultra. Was er natürlich wohlweislich unterlassen hat.

Klaus. Na, ich glaub's! Freiheit is gar was Schreckliches. Der Herr Bürgermeister sagt immer: Der Regent is der Vater, der Unterthan is a klein's Kind, und die Freiheit is a scharf's Messer. —

Ultra. Das is die wahre Ansicht, ich weiß genug — von meinem Besuch muß der Herr Klaus weder dem Bürgermeister, noch meinen geistlichen Brüdern was sag'n.

Klaus. Schon recht, strengstes Geheimniß! Jetzt erlauben aber Hochwürden, daß ich Ihnen meine Alte aufführ'. (Zur Thür rechs hinausrufend.) Kannst schon wieder eina gehen. (Stellt ihm Emerenzia vor.) Das ist die Gattin meiner Wahl, das heißt gewesen, jetzt nehmet ich's nicht mehr.

Ultra. Ah, freut mich!

Emerenzia. Ich küss's Kleid. —

Klaus. Voriges Jahr hätt' ich's bald verloren. —

Ultra. Oh, da wär' ewig schad' g'wesen, also hatt' die Frau sterben wollen?

Klaus. Nein, sie hatt' wollen zu die Büßerinnen gehen, der Pater Prior aber hat g'sagt, es is nicht mehr nothwendig, er wußt' nit, zu was?

Ultra. Da hat er recht g'habt. (Man hört in der Entfernung leise die Töne einer Katzenmusik.) Aber still, habt Ihr nichts gehört?

Klaus. Der Wind geht draußen so stark.

Ultra. Das wird's sein. Unter Andern, Ihr habt ja auch eine Tochter?

Klaus. Freilich! Cilli! Cilli! Wo steckst Du denn? (Oeffnet die Seitenthür links.)

Emerenzia. Sie ist schon eine halbete Himmelsbraut.

Ultra. Ach, das schlägt ja in unser Fach!

### Scene 18.

#### Vorige. Cäcilie.

Klaus. Da schau' her, ein geistlicher Herr is da —

Cäcilie (sehr schüchtern). Ich küss's Kleid.

Ultra. Warum denn? Lieber die Hand. (Reicht ihr die Hand zum Kusse.) So —

Emerenzia. Diese Auszeichnung! —

Klaus. 's Mädel kommt zum Handkuß, das is a Freud' für die Eltern.

Ultra (zu Cäcilie). Bis wann gedenken Sie den frommen Beruf —

Cäcilie. Ach Gott, ich weiß nicht —

(Man hört die Katzenmusik etwas lauter als zuvor.)

Ultra (horchend). Was is das?

Klaus. Jetzt hör' ich selber was.

(Die Töne werden lauter.)

Ultra (bei Seite). Richtig, es geht los —

Klaus. Das is ja grad' wie ein Rumor —

Emerenzia. Ich krieg' die Krämpf' —

Ultra. Ich muß eilen. Benedicat vos Dominusie aeternum. (Eilig rechts ab.)

## Scene 19.

### Vorige ohne Ultra.

Emerenzia (händeringend). Mann, um Alles in der Welt, was wird das werden —

(Die Katzenmusik währt fort.)

Klaus. Das is Revolution! Reine Revolution!

Emerenzia. Gott steh' uns bei! —

Cäcilie. Wenn nur den Beamten nichts geschieht! —

(Neuerdings Katzenmusik.)

Klaus. Hört Ihr's singen die höllischen Heerschaaren der Freiheit? (Man hört in der Scene links stark an ein Fenster pochen.)

Emerenzia (aufschreiend). Ach, sie brechen bei uns ein! Hilfe! Räuber! Mörder! (Das Klopfen wiederholt sich.)

Cäcilie. Nein, nein! Das Klopfen klingt ängstlich! Es ist Einer, der Hilfe sucht.

Klaus. Mir scheint selber, Du hast recht!

Cäcilie. Am End' ist's gar ein Beamter. (Läuft links ab.)

Klaus. Was sich denn das Mädl so um die Beamten abängstigt! (Zu Emerenzia.) Alte, komm zu Dir, es kommt wer zu uns. —

**Emerenzia.** Au weh! Mann, Du wirst es sehen, es is ein Hallunk.

**Cäcilie** (eiligst zurückkommend). Der Herr Bürgermeister kommt.

**Emerenzia.** Ist's möglich? — ⎫
**Klaus.** Seine Herrlichkeit? — ⎭ Zugleich.

## Scene 20.
### Vorige. Bürgermeister.

**Bürgermeister** (ist im Schlafrock und hat nur einen Mantel darüber geworfen, hat eine graue Filzkappe auf, den Schirm über's Gesicht gebogen). He! Klaus! Wo ist Er denn?

**Klaus.** Euer Herrlichkeit! —

**Emerenzia.** Der hohe Besuch! — Und nicht aus= gerieben bei uns —

**Klaus.** Was ist's denn, Euer Herrlichkeit —?

**Bürgermeister.** Das Entsetzlichste ist geschehen! Der Krähwinkler jüngste Tag bricht an, alle verstorbenen Bürger= meister drehen sich in den Gräbern herum! Man hat mir eine Katzenmusik gemacht, man macht sie mir noch! — Hörst Du? — (Man vernimmt die Töne, aber etwas lauter.)

**Klaus.** Gräßlich! Mit was machens denn das?

**Bürgermeister.** Da ist das ganze Orchester der Hölle losgelassen. Was Krähwinkel je an Konzerten gehört, ver= schwindet in ein Nichts dagegen —

**Emerenzia.** Gott steh' uns bei! —

**Bürgermeister.** Ich habe mich durch ein Hinterpfört= lein geflüchtet. Hier vermuthet mich Niemand, ich werde bei Ihm übernachten, Klaus!

**Klaus.** Diese Ehre —

**Emerenzia** (trostlos). Und nicht ausgerieben bei uns —

**Klaus.** Meine Alte legt sich zu der Cilli in's Kammerl, und ich leg' mich in die Kuchel hinaus.

**Bürgermeister.** Ich werde mich auf diesem Kanapee durch ein paar Schlummerstündlein erquicken.

**Klaus.** Ich werde Euer Herrlichkeit die Tuchet und die Kopfpolster von meiner Alten bringen.

**Bürgermeister.** Nein, Klaus! Ich will gar nichts, durchaus nichts als Ruhe.

**Klaus.** Na, vielleicht. (Leise zu Emerenzia.) Wenn nur nicht den ganzen Tag Deine Pintscherln auf'n Kanapee liegeten. (Laut.) Gute Nacht, Eure Herrlichkeit!

**Cäcilie und Emerenzia.** Wünsch' unterthänigst ruhsame Nacht! —

**Klaus, Emerenzia, Cäcilie** (entfernen sich mit ceremoniellen Verbeugungen zur Seitenthür links).

### Scene 21.
#### Bürgermeister (allein).

**Bürgermeister.** Ich glaube, der aufrührerische Krawall läßt nach — ohne Zweifel ist Rummelpuff mit der Gewalt der Waffen eingeschritten. Ich werde mein regierungsmüdes Haupt zur Ruhe legen, (macht sich's auf dem Kanapee bequem) und damit ich nichts höre, wenn's etwa nochmals losgehen sollte, ziehe ich mir den Mantel hoch — hoch über die Ohren. (Legt sich in den Mantel verhüllt zur Ruhe. Nach einer kleinen Pause beginnt leise Musik, die Rückwand erhebt sich und man sieht einen Wolkenschleier, welcher sich bald auch erhebt. Man sieht den Moment, wo im Hofe des Wiener Landhauses ein auf dem Brunnen stehender Redner das Volk zur Erringung der Freiheit aufruft. Nach einer Weile schwindet die Vision. Der Wolkenschleier und die Wand schließen sich, die Musik hört auf, der Bürgermeister, welcher während der ganzen Zeit die lebhafteste Unruhe ausgedrückt, wacht stöhnend auf.) Ach! Wo bin ich? (Er ermuntert sich.) Gott sei Dank, es war nur ein Traum! Klaus! Klaus! Aber schrecklich, schrecklich ist solch ein Traum!

### Scene 22.
#### Bürgermeister. Klaus.

**Klaus** (in seinem früheren Anzuge, eine Schlafhaube auf dem Kopf.) Was ist denn, Euer Herrlichkeit?

**Bürgermeister.** Viel, sehr viel, oder eigentlich gar nichts! Ich schlafe sehr unruhig auf diesem Kanapee.

**Klaus** (bei Seite). Kann mir's denken!

**Bürgermeister.** So abscheuliche Träume!

**Klaus.** Von was denn?

**Bürgermeister.** Von Freiheit, nichts als Freiheit!

**Klaus.** Nein, was uns die Freiheit martert! Ich weiß, was ich thu, ich setz's in die Lotterie.

Bürgermeifter. Narr!

Klaus. Warum? Freiheit hat drei schöne Nummern: dreizehn, fünfzehn, sechsundzwanzig, übrigens is das nur im erften Schlaf und der Ort macht viel.

Bürgermeifter. Freilich, kein Wunder, wenn man in der Nähe einer Kazenmusik von Freiheit träumt —

Klaus. Ich bin wieder in einer andern Lag'. Ich schlaf' unterm Herd, mir hab'n lauter Schwabenftückeln traumt. (Links ab.)

## Scene 23.

### Bürgermeifter (allein).

Bürgermeifter. Vielleicht hab' ich jezt einen beffern, oder was das befte wäre, gar keinen Traum. (Verhüllt fich in den Mantel und fchläft ein, leife Mufik. Die Rückwand geht auf, und man fieht den Moment der Sturmpetition vom 15. Mai im Tableau dargeftellt. Nach einer Weile fchwindet die Vifion, der Bürgermeifter erwacht.) Klaus! Klaus! — Das ift nicht zum Aushalten, wenn fo was je in Krähwinkel vorkommen follte! Klaus! Klaus!

## Scene 24.

### Klaus. Bürgermeifter.

Klaus (hereinftürzend). An wie viel Ecken brennt's denn?

Bürgermeifter. Nirgends, aber ich halt' es nicht aus! Die Träume werden immer fchrecklicher, beängftigender —

Klaus. Doch nicht wieder etwa von Freiheit?

Bürgermeifter. Von was denn fonft? Es wird immer ärger, ich fchlafe von nun an gar nicht mehr.

Klaus. Wär' nicht übel! Nein, nein, mir fällt ein Mittel ein. Um diefe Freiheitsvifionen los zu werden, legen fich Euer Herrlichkeit was Schwarzgelbes unter'n Kopf, da kommen gleich andere Traumbilder.

Bürgermeifter. Ja, wo nehm' ich jezt was Schwarzgelbes her?

Klaus. Da haben Euer Herrlichkeit die Wiener Zeitung. (Zieht ein Zeitungsblatt aus der Tafche und legt es auf die Kopf=

seite des Kanapees.) So — und setzen wir den Fall, es kommt in Krähwinkel zu Etwas — .

**Bürgermeister.** Das wär' schauderhaft —

**Klaus.** Nein, ich kenn' die Krähwinkler, man muß sie austoben lassen — is der Raptus vorbei, dann werden's dasig, und wir fangen's mit der Hand; da woll'n wir's hernach recht zwicken, das Volk. (Links ab.)

## Scene 25.

### Bürgermeister (allein).

**Bürgermeister.** Er hat nicht so ganz unrecht, und geht es nicht durch eigene Kraft, so giebt es ja noch fremde Hilfe. Hm! Hm! Der Gedanke ist nicht schlecht, so muß es kommen. (Sich wieder zur Ruhe legend.) Wart' nur, Du Volk, Du sollst mir nicht über den Kopf wachsen, Du Volk Du! (Schläft ein. Leise Musik. Die Wand und der Wolken-Vorhang öffnen sich. Die Musik geht in einen russischen Triumphmarsch über, und man sieht folgendes Tableau: Auf einer Seite knien die Krähwinkler, auf der andern steht eine dem Bürgermeister ganz ähnliche Gestalt, mit einem russischen General Arm in Arm, unter einem Triumphbogen Im Hintergrunde sieht man Kojaken ansprengen und russische Grenadiere, welche die Knute schwingen. Nach einer Weile schwindet das Traumbild, der Bürgermeister drückt im Schlafe die größte Behaglichkeit aus. Der Vorhang fällt.)

---

# Zweiter Akt.

(Saal im Hause des Bürgermeisters. Mittel- und Seitenthüren.)

## Scene 1.

### Sigmund (allein).

**Sigmund.** Ich bin in großer Besorgniß für meinen Freund, er hat sich herbeigelassen, die Stelle des Dolmetsch vorzustellen. Wenn nur Seine Herrlichkeit den Betrug nicht merkt — da ist der Nachtwächter, der die stumme Rolle des Leibeigenen übernommen, weit weniger in Gefahr.

## Scene 2.

**Voriger. Sperling. Rummelpuff.**

**Sperling.** Es ist so, wie ich Ihnen sage, Herr Stadt=
kommandant, unsere gute Stadt genießt die hohe Aus=
zeichnung, einen russischen Fürsten in ihren Mauern zu
haben.

**Rummelpuff.** Warum hat man mir das nicht früher
gesagt? Wieder die Gelegenheit zu einer Ausrückung ver=
säumt. Auf diese Art wird Rußland nie zu einer richtigen
Schätzung der Krähwinkler Militärmacht gelangen.

**Sperling.** Schade! Sie hätten Seiner Durchlaucht
bis an die Stelle, wo in hundert Jahren der Krähwinkler
Bahnhof erbaut werden dürfte, entgegen defiliren und be=
deutend Hochdieselben auf dieses großartige Werk der Zu=
kunft aufmerksam machen können.

**Rummelpuff.** Fatal! Die Parade wäre großartig
geworden. Ich an der Spitze einer Kompagnie von vier
Grenadieren, dann unmittelbar das Jägerbataillon, bestehend
aus acht Schützen. Nach Entwicklung dieser imposanten
Massen hätte das Aufmarschiren des ersten und letzten Kräh=
winkler Infanterie=Regiments von neunzehn Mann den
Mangel an Kavallerie auf eine glänzende Weise gedeckt.

**Sigmund** (hat an der Seitenthür rechts gelauscht). Seine
Herrlichkeit, der Herr Bürgermeister.

## Scene 3.

**Bürgermeister. Vorige.**

**Bürgermeister** (von rechts. Nach gegenseitig ceremonieller
Begrüßung). Ich bin erfreut, die Großen meines Reiches so
zahlreich versammelt zu sehen. Es giebt viele Große, aber
Sie, meine Herren, sind die Größten. (Niest.)

**Rummelpuff.** Zur Gesundheit! —

**Sperling.** Zur Genesigkeit!

**Bürgermeister.** Danke! (Fortfahrend.) Die Größten,
die Krähwinkel aufzuweisen hat.

**Sperling.** Wie gütig!

**Rummelpuff.** Der Mann des Verdienstes fühlt sich
und schweigt. —

**Bürgermeister** (zu Rummelpuff). Ihnen vor Allem muß ich danken für die energische Auseinandersprengung des Pöbelhaufens verflossener Nacht.

**Rummelpuff.** Wurde mir leider erst heute morgen gemeldet.

**Bürgermeister.** Wie? —

**Sperling.** Die Herstellung der Ruhe ist mir durch Vorlesung eines meiner poetischen Erzeugnisse: „Ode an den Bundestag" gelungen. Gleich die ersten Verse waren hinreichend, die erhitzten Gemüther zum schleunigen Nachhausegehen zu bewegen.

**Bürgermeister.** Also wirklich Sie? —

**Sperling.** Die Macht der Poesie ist wunderbar.

**Bürgermeister.** Zur Sache, meine Herren! Wir sind im Begriffe, einen Gesandten Rußlands zu empfangen.

**Sperling.** Werde nicht ermangeln, diesen welthistorischen Moment durch eine Anzahl Sonette — vorläufig habe ich nur ein kleines Gedichtchen verfaßt, um es Seiner Durchlaucht auf dem Rückwege nach dem Palais vorzulesen. Es ist ein Impromptu an die Knute. Eure Herrlichkeit erlauben. (Zieht eine rosenrothe Papierrolle hervor und liest.)

> „O Knute! O Knute!
> Die schwingen man thute,
> Machst Wirkung sehr gute
> Bei frevelndem Muthe.
> Was dem Kinde die Ruthe,
> Ist dem Volke die Knute,
> Du stillest die Wuthe
> Rebellischem Blute.
> Dies Alles, das thute
> Die Knute, die Knute,
> Weshalb ich mich spute.
> In einer Minute
> Poetischer Gluthe
> Schrieb ich an die Knute
> Dies Gedichtchen, dies gute.

**Bürgermeister.** Trefflich, erhaben! Viel Schwung!

**Sperling.** Ich möchte es ins Cerkessische übersetzen, und den Bergvölkern am Kaukasus vorlesen lassen.

**Rummelpuff.** Was ist das für ein Kasus, der Kau=
kasus?

**Sperling.** Gütigster Musengott, das ist ja —

**Sigmund** (an der Mittelthür). Sie kommen schon. —

**Bürgermeister.** Herr Sperling, ich erlaube Ihnen,
das Wort zu führen. (Stellt sich mit Rummelpuff und Sperling
in Positur.)

### Scene 4.

**Vorige. Ultra** (als Fürst in altrussischem Nationalkostüm).
**Willibald** (als Dolmetsch). **Nachtwächter** (als Leibeigener).

**Ultra** (mit furchtbar struppigem Haar und Bart). Schon-
grussi Bulldoggi Burgomastrow.
(Sigmund entfernt sich durch die Mitte, sowie die Fremden eingetreten
sind.)

**Sperling** (auf den Bürgermeister zeigend) Seine südwest=
liche Herrlichkeit sind entzückt über die nordische Ehre.

**Bürgermeister** (zu Sperling). Ich muß einige diplo=
matische Worte fallen lassen. (Zu Ultra.) Ist es nicht gefällig,
Platz zu nehmen? —

**Ultra.** Nixi sitzi —

**Sperling.** Es wäre nur wegen der Austragung des
Schlafes. (Sich an Willibald wendend). Seine Durchlaucht
verstehen doch Deutsch?

**Willibald** (durch Haar und Bart entstellt). Verstehen sehr
gut, sprechen jedoch fast nur Russisch.

**Bürgermeister** (zu Ultra). Darf ich um den erlauchten
Namen bitten?

**Ultra.** Fürst Knutikof Sibiritschefsky Tyransky Ab=
solutsky. —

**Bürgermeister** (zu Sperling und Rummelpuff). Das
muß schon Einer von die dortigen ersten Fürsten sein.

**Ultra** (auf Willibald zeigend). Den da Dollmetschky.
(Zum Nachtwächter.) Den da Leibeignsky.

**Bürgermeister** (bei Seite). Ich begreife nicht, woher
ich so gut russisch versteh'. (Laut zu Ultra). Diese Leibeignen
sind wirklich eine schöne Erfindung.

**Ultra** (zum Nachtwächter). Ivanof Kuschku!

**Nachtwächter** (fällt, die Arme über die Brust gekreuzt, vor
Ultra auf die Kniee).

Ultra (zieht eine Knute aus dem Gürtel). Taki strixi patoki. (Giebt dem Nachtwächter ein paar Streiche).

Nachtwächter (küßt den Saum von Ultra's Kleid, dann die Knute und tritt wieder zurück).

Willibald. Das ist der Charakter unserer ganzen Nation.

Bürgermeister. Schicksal, warum hast Du mich zu keinem russischen Bürgermeister gemacht!?

Ultra. Ah passionsky regiersky Volksky despotsky.

Willibald. Jetzt zum Zweck unserer Sendung. Der Czar, der immer sein Hauptaugenmerk auf Krähwinkel gerichtet, weiß, daß revolutionäre Staaten Ihnen ein Rescript —

Bürgermeister. Ich bitte — (leise zu Willibald) die Anwesenden sind nicht eingeweiht, ich habe das Rescript gebührendermaßen unterdrückt.

Willibald. Der Czar wünscht aber zur größern Sicherheit, daß Sie es in die Hände des Fürsten übergeben.

Ultra. Verbrensky Proklamatsky Constituzky.

Bürgermeister. Werde sogleich die Ehre haben. (Rechts ab).

## Scene 5.
### Vorige ohne Bürgermeister.

Sperling (zu Rummelpuff). Was für ein Staatsgeheimniß da obwalten mag?

Rummelpuff. Egal! Die Diplomatie ist nicht mein Feld, ich kann hier nichts thun, als durch gemessene Haltung fortwährend imponiren.

Ultra (nachdem er mit Willibald einige Worte russisch gewechselt, endigt mit dem Worte) Aristokatichef.

Sperling (zu Willibald). Was wünschen Se. sibirischen Gnaden?

Willibald. Se. Durchlaucht werden den Czar dahin vermögen, daß er die beiden Herren in die hohe Aristokratie einverleibt — (zu Sperling) Sie heißen?

Sperling. Sperling Edler von Spaß.

Ultra. Nix da, Fürst Spaßikof!

Sperling. Ich werde bitten, mir in's Wappen eine von der Knute sanft umschlungene Lyra zu setzen.

Willibald (zu Rummelpuff). Und Ihr werther Name?

Rummelpuff. Rummelpuff.

Ultra. Nix da, Fürst Rummelpuffkitschef!

Rummelpuff. Ich war stets für den Czar, und würde nie, um keinen Preis, die Offensive gegen Rußland ergriffen haben.

### Scene 6.

#### Vorige. Bürgermeister.

Bürgermeister (mit einer Pergamentrolle). Hier ist das Bewußte! (Uebergiebt selbe an Ultra).

Ultra. Taki papierloxi kapitalsky!

Bürgermeister. Wenn Sie nach Petersburg kommen —

Sperling. So sagen Euer Durchlaucht dem Czar — (leise zum Bürgermeister.) Wir sind zu Fürsten vorgemerkt!

Bürgermeister (leise, erstaunt). Was? —

Sperling (wie oben). Ihnen kann der Herzogtitel nicht entgehen.

Bürgermeister. Ha! —

Sperling (zu Ultra). Wenn wir so viel Huld und Gnade je vergessen könnten, so schicke man uns sogleich nach Sibirien auf den Zoberlfang.

Ultra. Gutti Servutschi.

### Scene 7.

#### Sigmund. Vorige.

Sigmund (zur Mitte). Euer Herrlichkeit, eben meldet man, daß vor dem Rathhause ein ungeheurer Krawall losgebrochen.

Bürgermeister (erzürnt). Was?! Fähnrich Rummelpuff, treiben Sie die Ruhestörer auseinander, sammeln Sie Ihre Truppen.

Rummelpuff. Wo werden die Kerls wieder stecken?

Sperling (zu Rummelpuff). Versuchen Sie es anfangs mit Güte, es sind ja doch Menschen.

Rummelpuff. Menschen? Warum nicht gar, der Mensch fängt erst beim Baron an!

Ultra (ihm freundlich auf die Achsel klopfend). Bravidsky Zopfsky Aristokatsky. (Alle zur Mitte ab).

Verwandlung.

(Platz in Krähwinkel, im Vordergrunde rechts zeigt sich das Haus des
Bürgermeisters mit einem praktikablen Balkon in einer Breite von
zwei bis drei Coulissen).

## Scene 8.

Sigmund (allein, aus dem Hause des Bürgermeisters).
Welchen Einfluß werden diese Bewegungen auf die Existenz
der Beamten haben? Was liegt mir im Grunde an meiner
Existenz, da ich leider keine Hoffnung habe, sie je mit Cäcilien
theilen zu können! (Bleibt tiefsinnig stehen).

## Scene 9.
### Klaus. Sigmund.

Klaus (aus dem Hintergrunde links). Mich krieg'ns nicht
mehr dran — wie wo ein Krawall is, geh' ich fort, daß j'
mir etwa wiederum einen Haslinger brecheten, um den wär'
mir gar leid, er ist dicker und hat viel ein' schönern Schwung
als der andere. (Sigmund von rückwärts ansehend). Was ist
denn das für ein niedergeschlagener Subalterner? (Ihn er-
kennend.) Ah der Mussi Siegl —

Sigmund (sich aufrichtend). Herr Klaus! Sie hier?

Klaus. Freilich! Sie sollen nur revoltieren, der
Rummelpuff wird ihnen's schon zeigen. Aber schauen's,
weil wir g'rad' so vieraugig z'sammenkommen, Ihnen muß
ich einen guten Rath geben.

Sigmund. Und der wär' —

Klaus. Heirathen's! Liebessehnsucht thut Ihnen nit
gut, 's Mahl hat Ihnen gewiß gern.

Sigmund. Unendlich! aber der Vater —

Klaus. Der ist ein Esel —

Sigmund. Glauben Sie?

Klaus. Mehr noch, er ist mein Feind. Ich weiß,
daß Sie die Nachtwächterische lieb'n.

Sigmund (in die Enge getrieben). Sie sind im Irrthum.

Klaus. Leugnen Sie's nicht!

Sigmund. Wenn ich Sie versichere, ich liebe eine
Andere.

**Klaus.** Lirum! Larum! Uebrigens, ich verlang' ja
kein Geständniß, lieben Sie, wen Sie wollen — (bei Seite) ich
weiß doch, daß es keine Andere als die Nachtwächterische
Walpurgerl is. (Zu Sigmund.) Ich sag' Ihnen nur, warum
sollen denn Sie und 's Mabl unglücklich sein, wegen so
einem bockbeinigen Sakerwalt!

**Sigmund.** Der Vater hat einen andern Plan mit ihr.

**Klaus.** Weiß es, dem Lumpen, dem Ultra, will er's
geben.

**Sigmund.** Ach nein!

**Klaus.** Na ja, richtig, Sie wollen's nicht g'stehen,
alles eins, mit einem Wort, da nutzt nix, Sie müssen durch=
gehen mit ihr.

**Sigmund.** Den Rath geben Sie mir?

**Klaus.** Als Amtsperson sollte ich nicht, aber wissens,
ich hab' einen Pief auf den alten Narren.

**Sigmund.** Und wenn ich darauf einginge, wohin
sollt' ich mit ihr?

**Klaus.** Na, an was immer für einen anständigen
Ort, zu einer Frau wohin, wo sie bleibt, bis die Heirath —

**Sigmund.** Da wär's wohl am besten zur Frau v.
Frankenfrei.

**Klaus.** Sein Sie so gut mit der? (Warnend). Sie,
die heirath ja der Bürgermeister. Diese Bekanntschaft bringt
Ihnen etwa um Ihr kleines Amt oder verhilft Ihnen zu
einem großen —

**Sigmund.** Ah, schweigen Sie, meine Ideen sind einzig
und allein —! (Seufzend.) Es ist jedenfalls umsonst, meine
Geliebte ist ein zu fromm erzogenes Mädchen, sich von mir
ohne Wissen ihres Vaters in ein fremdes Haus bringen zu
lassen, darin willigt sie nun und nimmermehr.

**Klaus.** Da fällt mir was ein! Ich laß' Ihnen nicht
aus — ich muß ihm einen Schur anthun, dem g'wissen
Vatern dem — bestellen Sie 's Madel in a Gassen oder
auf an Platz wohin, da hol'n wir's mit einander ab, und
führen's zu der Frau von Frankenfrei. Wenn ich dabei
bin, wird sie doch folgen?

**Sigmund.** Oh, ganz gewiß!

**Klaus.** Na also, und mir geschieht ein G'fallen, ich

hab' schon lang' a Passion auf den alten Esel! Sie brauchen
mir also nur Tag und Stunde z'sag'n.

Sigmund. Da kommen Leut', wir wollen dort das
Weitere besprechen. (Hinters Haus ab.)


## Scene 10.

Pemperl, Schabenfellner, Bürger (von links).

Schabenfellner (rechts sehend). Mir scheint, sie haben
sich schon beim Schopf.

Pemperl. Ja, es muß schon zur gegenseitigen Trischa-
kung gekommen sein.

Die Krähwinkler (neugierig). Schau'n wir hin. —

Schabenfellner. Aber nur vorsichtig.

Pemperl. Fürchst Dich schon, Kirschner, daß D' eins
auf'n Pelz kriegst? (Zu den Andern.) Kommt's, so was sieht
man nicht alle Tag! (Wollen rechts ab.)


## Scene 11.

Frau Pemperl, Frau Schabenfellner, Frau Klöppl,
Bürgerinnen (von links.) Vorige.

Die Frauen. Halt! Männer, halt!

Fr. Pemperl. Wo wollt's denn hin? —

Pemperl. A Bisserl Revolution anschauen.

Fr. Pemperl. Na, sei so gut, daß Dir was g'schieht. —

Fr. Schabenfellner (zu ihrem Mann). Du gehst gleich
z'Haus!

Schabenfellner. Na Weiberl, auf a fünf Minuten
muß i hinschau'n.

Pemperl. Wer weiß, wann wieder a Revolution is —

Fr. Pemperl. Nix da —

Schabenfellner. Mich brächt' d'Neugierd' um z'Haus!

Die Männer. Wir müssen hin!

Die Frauen. Dageblieben! —

Die Männer. Um kein G'schloß, die Revolution
müssen wir sehen! (Alle rechts ab.)

## Scene 12.

### Vorige ohne Männer.

**Fr. Pemperl.** 's sind doch schreckliche Waghäls, die Männer.

**Fr. Klöppl.** Ich bin froh, daß der meinige schon todt is, wie leicht könnt' ihm da was g'schehen bei der G'schicht!

**Fr. Schabenfellner.** Der meinige soll sich g'freuen, wenn er z'Haus kommt!

(Im Orchester beginnt leise Musik.)

**Fr. Klöppl.** Der Tumult zieht sich da her —

**Die Frauen.** Himmel, wie wird das werden?

**Fr. Pemperl.** Wann meinem Mann was g'schieht, so kehr' ich ganz Europa um.

(Die Musik wird stärker und geht in folgenden Chor über.)

## Scene 13.

### Vorige, Nachtwächter, Pemperl, Schabenfellner, Bürger, Volk (theils die Köpfe, Gesichter, Arme 2c. verbunden, werden unter Aechzen und Stöhnen von den Nichtverwundeten hereingebracht).

### Chor.

Au weh', au weh'!
O je, o je!
Wir sind ganz weg,
Voll blaue Fleck.
Voll Diepeln b'Stirn,
Wir g'spür'n kein Hirn,
O je! o je! — au weh'! au weh'! —

(Sie lagern sich dem Hause des Bürgermeisters gegenüber, die Frauen sind theilnehmend um ihre Männer beschäftigt.)

**Fr. Pemperl** (zu ihrem Mann). Mann, wie schaust Du aus! Die Diepeln auf'n Kopf!

**Pemperl** (ächzend). Solche hab' ich noch nie g'habt.

**Nachtwächter.** Mir habens die Zähn' eing'schlagen, aber das macht nix, jetzt wird erst recht bissig g'redt!

**Fr. Schabenfellner.** Das soll dem Bürgermeister auf der Seel' brennen!

Pemperl. Und wenn ich noch was gethan hätt', aber gar nix, als zug'schaut bei der Revolution.

Nachtwächter und Schabenfellner. Das is schändlich!

Alle. Tyrannei! Barbarei!

Nachtwächter (auf die sich öffnende Balkonthüre im Bürgermeisterhause sehend). Da schaut's hin, er zeigt sich noch dem Volk.

Alle. Der Bürgermeister?

Fr. Pemperl. Da solltens doch aufstehen, die Gefallenen.

Pemperl. Nix da, wir bleiben liegen.

Nachtwächter. Justament, er soll sehen, was er ang'richt hat! (Allgemeines Gemurre).

## Scene 14.

### Vorige, Bürgermeister, ein Rathsherr
(erscheinen auf dem Balkon).

### Sperling.

Ich bitte sämmtlich um Ruhe,
Se. Herrlichkeit spricht, hört ihm zue!

Bürgermeister. Meine lieben Krähwinkler! Da ich dazu auserkoren bin, an Eurer Spitze zu stehen, hab' ich Euch stets nach Möglichkeit stumpf zu machen gesucht. Und nur, weil Ihr auf einmal eine Schneid kriegt habt, so war ich genöthigt, Euch die Spitze zu bieten. Ich wünsche sehnlichst, daß das beklagenswerthe Mißverständniß zwischen mir und meinen lieben Krähwinklern —

Nachtwächter (bei Seite). Wenn er nochmals sagt: „Liebe Krähwinkler", so rutscht mir was aus.

Bürgermeister (fortfahrend). Baldigst gelöst, und die alte Ordnung und Eintracht —

Nachtwächter (bei Seite). Und Niederträchtigkeit —

Bürgermeister (fortfahrend). Und Ruhe zurückkehren thun mögen.

(Vivat-Geschrei von innen.)

Alle. Was ist das?

## Scene 15.

### Vorige. Klaus.

Klaus (athemlos hereinstürzend). Euer Herrlichkeit! Ein Ereigniß, ein neues Blatt Weltgeschichte! Es ist Einer angekommen!

Alle. Wer?

Klaus. Ein Abgesandter der europäischen Freiheits- und Gleichheits-Commission!

Bürgermeister. Trägt er die dreifarbige Farbe?

Klaus. Nein, die siebenfarbige, wie der Regenbogen —

Sperling. Das wird die kosmopolitische Farbe sein.

Klaus. Er und sein Schimmel sind alle zwei voll Fahnen, Fähndeln und Bändern. Alles jubelt und trompetet, und schreit Vivat!

## Scene 16.

### Ultra. Krähwinkler. Volk. Vorige.

(Das Volk kommt mit Vivat-Geschrei, Hüte und Mützen schwenkend, auf die Bühne, dann Trompeter und Pauker, einen Marsch spielend, hinter diesen reitet Ultra als europäischer Freiheits- und Gleichheits-Commissar. Er ist phantastisch mit siebenfarbigen Bändern geschmückt, und trägt phantastische Fahnen statt Federn auf dem Hut. Sein Pferd ist auf ähnliche Weise geschmückt. Vor dem Hause des Bürgermeisters angelangt, hält der Zug still. Tusch von Trompeten und Pauken.)

Ultra. Ich verkünde für Krähwinkel Rede-, Preß- und sonstige Freiheit, Gleichgültigkeit aller Stände, offene Mündlichkeit, freie Wahlen, nach vorhergegangener Stimmung, eine unendlich breite Basis, welche sich nach und nach auch in die Länge ziehen wird, und zur Vermeidung aller diesfälligen Streitigkeiten gar kein System.

Bürgermeister. Ach!!! (Fällt in Ohnmacht, Sperling und der Rathsherr halten ihn auf.)

Alle. Vivat! Vivat!

(Unter Jubelgeschrei, Trompeten und Pauken, bewegt sich der Zug nach dem Hintergrunde.)

### Der Vorhang fällt.

# Dritter Akt.

## Die Reaktion.

### Scene 1.

**Frau von Frankenfrei, Frau von Schnabelbeiß, Frau Pemperl, Frau Schabenfellner, Walpurga, Babette, Kathi, Adele, Herr v. Reaczerl, Sperling.**
(Die Gesellschaft conversirt, die Frauen sitzen auf den Kanapees und Fauteuils, die beiden Herren machen den Damen die Cour. Die Mädchen sind mit einander im Gespräche begriffen.)

**Reaczerl** (zu Fr. v. Frankenfrei). Und Sie sollten wirklich keinen besonderen Zweck damit verbinden, meine Gnädige —

**Fr. v. Frankenfrei.** Womit?

**Reaczerl.** Mit dem splendiden Dejeuner, womit Sie uns bewirthet haben.

**Fr. v. Frankenfrei.** Ihre angenehme Gesellschaft zu genießen, ist das nicht Zweck genug? Und wenn Sie einen besondern wollen, so wäre es der, Ihre allerseitigen Aeußerungen über die neue Gestaltung der Verhältnisse zu vernehmen.

**Babette.** Da verstehen wir wohl gar nichts.

**Adele.** Von solchen Verhältnissen nämlich —

**Fr. v. Schnabelbeiß.** Ach, die Politik, die leidige Politik!

**Walpurga.** Ich hör' gar kein anderes Wort zu Haus.

**Fr. Pemperl.** D'Politik ließ ich mir noch g'fallen, aber die Freiheit!

**Adele** (entzückt). Es ist etwas Herrliches um die Freiheit!

**Fr. v. Schnabelbeiß.** Ob Du schweigen wirst, Du weißt ja gar nicht, was das ist!

**Sperling.** Als Poet hab' ich nichts gegen die Freiheit, sie gewährt den Dichtern ein weites Feld zur Tummelung ihrer Pegasuse.

**Reaczerl.** Der Staatsmann muß sie unbedingt verdammen, denn Alles faselt jetzt schon von Menschenrechten; der subalterne Beamte sogar wagt Aeußerungen, wenn er sich maltraitirt fühlt.

**Fr. Pemperl.** Die Freiheit ist einmal das, was die Männer ruinirt.

**Fr. Schabenfellner.** Wie die's benutzen, wer kann ihnen denn nachgehen auf jeder Wacht? 's Nachhausekommen haben sie sich ganz abgewöhnt.

**Fr. Pemperl.** Heute habens a Sitzung, morgen a Katzenmusik, den andern Tag ein Verbrüderungsfest, und so oft ich den meinigen an's Herz drücken will, sagt er, er muß patrouilliren gehen.

**Kathi.** Mir g'fallen die Männer erst, seitdem sie alle Säbel tragen.

**Abele.** Wenn erst Studenten hier wären!

**Fr. v. Schnabelbeiß.** Sprichst Du schon wieder von Dingen, die Du nicht verstehst?

**Sperling.** Mir hat die Freiheit ein kleines Gedichtchen entlockt, welches ich der Gesellschaft mitzutheilen mich bewogen fühle. (Liest von einem Blättchen Papier.)

„An die Freiheit."
Ei, ei, ei, ei,
Wie sind wir so frei.
Das ist uns ganz neu,
Sonst nur Sklaverei,
Jetzt Freipresserei.
Volksregiererei
D'rum Jubelgeschrei
Wie sind wir so frei,
Ei, ei, ei, ei!

Es ist unmöglich, über diesen großartigen Gegenstand etwas Zarteres zu schreiben.

**Reaczerl.** Herr von Sperling, solche Gedichte dürften Se. Herrlichkeit im hohen Grade mißbilligen.

## 2. Scene.
### Vorige. Ultra.

**Ultra** (in seiner natürlichen Gestalt zur Mitte eintretend, zu Frau von Frankenfrei). Gnädige Frau, ein Ultra, der keinen Absolutismus außer dem der Liebenswürdigkeit anerkennt, legt sich Ihnen zu Füßen.

**Reaczerl** (bei Seite). Der hier? Der Radikale! —

**Fr. v. Frankenfrei.** In dieser mir von Ihnen zu=
ertheilten Machtvollkommenheit verurtheile ich Sie für Ihre
Saumseligkeit —

**Ultra.** Zu was Sie wollen, denn ich bin des Pardons
gewiß, wenn ich Ihnen Ursache und Resultat meiner Ver=
spätung sage.

**Reaczerl.** Sie wagen es, in Krähwinkel zu erscheinen?
Sie, den der Herr Bürgermeister ausgewiesen?

**Ultra.** Ja, das war noch vor der Freiheit, da haben
die Bürgermeister noch die Leute ausgewiesen, jetzt danket
mancher Gott, wenn er sich selbst ordentlich ausweisen könnt'!

**Reaczerl** (drohend). Herr, halten Sie Ihre Zunge im
Zaume!

**Ultra.** Das hab' ich in früheren Zeiten nicht immer
gethan, jetzt is schon gar keine Idee!

**Reaczerl.** Frau von Frankenfrei, ich begreife nicht,
wie Sie in Ihrem Hause, welches sogar der Herr Bürger=
meister beehrt, einem Menschen Zutritt gestatten —

**Ultra.** 's is wahr, der Bürgermeister und ein Mensch
kommen in dasselbe Haus, is halt a g'mischte Gesellschaft.

**Reaczerl** (mehr gegen Frau von Frankenfrei). Dieselbe
Bemerkung hab' ich früher im Stillen gemacht, als ich unter
den Damen sogar die Nachtwächters=Tochter erblickte.

**Ultra.** Hören Sie, die is ein braves Mädl, Sie be=
leidigen also nur die Uebrigen, wenn Sie da etwas Ge=
mischtes herausfinden wollen.

**Fr. v. Schnabelbeiß.** Mein Herr, ich bitt' mir's
aus, meine Tochter ist auch dabei, und eine Geheimraths=
Tochter wird doch gegen eine Nachtwächters=Tochter ein
immenser Unterschied sein.

**Walpurga** (gekränkt). Ich hab' mich ja nicht auf=
gedrungen.

**Fr. v. Frankenfrei** (zu Walpurga, welche die andern
Mädchen freundlich trösten). Beruhigen Sie sich —

**Fr. v. Schnabelbeiß** (noch zorniger). So weit sind
wir noch nicht mit der Gleichheit. Mein Seliger war ge=
heimer Rath, und ich werd' Ihnen schon noch zeigen, was
eine geheime Räthin ist.

**Ultra.** Schauen Sie, erstens muß ich Ihnen sagen,

für eine geheime Räthin schreien Sie viel zu stark. Und dann ist Gottlob die Zeit vorbei, wo das „Geheimer Rath“ eine Auszeichnung war. Ein guter ehrlicher Rath darf jetzt nicht geheim sein, 's ganze Volk muß ihn hören können, sonst is Rath und Rathgeber keinen Groschen werth.

Fr. v. Schnabelbeiß. Das ist zu arg! — Luft! — Ich erstick! —

Reaczerl (drohend zu Ultra). Sie führen eine Sprache — Herr, trauen Sie mir nicht —

Ultra. Gewiß nicht; Sie sind Reactionär, und denen is nie zu trauen! Uebrigens sag' ich Ihnen, Sie verzopfter Kanzleimann, wenn Sie glauben —

Ein Bedienter (ohne Livree, zeigt sich meldend an der Thür). Der Herr Bürgermeister kommt.

Reaczerl (bei Seite). Dem Schlingel bleibt auch schon die Herrlichkeit im Halse stecken.

Ultra (zieht sich zurück).

## Scene 3.
### Bürgermeister. Vorige.

Bürgermeister (zu Frau von Frankenfrei). Ich komm' Ihnen zu verkünden, in welcher Gestalt ich am heutigen und morgigen Tage zwei Feste sondergleichen zu feiern gedenke. Eins werden Sie ahnen, holde Braut!

Fr. v. Frankenfrei. Daß ich das nicht bin und nie sein werde, hab' ich Ihnen oft genug erklärt, Herr Bürgermeister!

Bürgermeister. Ihre Widersetzlichkeit wird Ihnen so wenig, als den Krähwinklern die ihrige nützen. Heute ist der Tag der Rache, der Triumph der Reaktion.

Fr. v. Frankenfrei. Wie das? —

Bürgermeister. Wir werden mit einer furchtbaren Heeresmacht über Krähwinkel herfallen; Kommandant Rummelpuff ist thätig gewesen, hat in der Umgebung über zwanzig Mann Verstärkung geworben. Dieses Armeecorps, mit unserer Besatzung vereint, wird die Krähwinkler zu Paaren treiben. (Zu den Frauen.) Wenn Sie keine Wittwen werden wollen, so rathen Sie ja Ihren respektiven Männern, zu Hause zu bleiben.

**Sperling.** Wann dürfte dasjenige losgehen, was man den Teufel nennt? —

**Bürgermeister.** Heute Nachmittag um die halbbritte Stunde.

**Fr. v. Frankenfrei.** Und ist das Alles so gewiß?

**Bürgermeister.** So gewiß ich morgen in der elften Vormittagsstunde die reizende Wittwe Frankenfrei zum Altare führe.

**Fr. v. Frankenfrei.** Ihre Zuversicht fängt an, mich zu beleidigen.

**Bürgermeister.** Im schlimmsten Falle gleichviel.

**Fr. v. Frankenfrei.** Wer giebt Ihnen das Recht? —

**Bürgermeister.** Die Macht! Ich bin die Macht und mache das Recht. Als eine ihr Glück von sich Stoßende sind Sie einer Wahnsinnigen gleichzustellen. Wahnsinnige bevormundet das Gesetz. Ich bin das Gesetz, folglich Ihr Vormund, und als solcher nicht der Erste, der seine widerspänstige Mündel zur Heirath zwingt. Es bleibt Ihnen nur der traurige Ausweg, der großen Erbschaft vom seligen Gemahl verlustig zu werden.

**Fr. v. Frankenfrei.** Ich werde mir das Testament —

**Bürgermeister.** Sie wissen, daß es in den Händen des Pater Prior ist, der es nur in die meinigen geben wird.

**Ultra** (hervortretend). Muß um Entschuldigung bitten, er hat es bereits in meine Hände ausgeliefert.

(Allgemeines Staunen.)

**Bürgermeister** (erstarrt). Wie!? Was!? Der hier? —

**Ultra** (es an Frau von Frankenfrei übergebend). Und jetzt wird es in den rechten sein.

**Fr. v. Frankenfrei.** Ist es ein Traum? —

**Bürgermeister** (wüthend). Diebstahl ist es — Einbruch — Kirchenraub!

**Ultra.** Da muß ich Ihnen doch den Preis sagen, um welchen mir's der Pater Prior gegeben hat.

**Bürgermeister** (staunend). Um einen Preis? —

**Ultra.** Ich hab' ihn, in Berücksichtigung seines Alters, durch das hintere Pförtlein entschlüpfen lassen, bevor noch in dieser Stunde das ganze Convent von die frommen Herren gesäubert wird.

**Bürgermeister.** Wer unterfängt sich das? Wer?

Ultra. Jemand, der zehntausendmal mehr is als wir alle Zwei miteinander, das Volk!

Bürgermeister (wüthend). Ha, so will ich doch sehen, ob mein Ansehen die Aufrührer nicht bändigen kann! (Stürzt grimmig fort.)

Fr. v. Schnabelbeiß. Fr. Pemperl. Euer Herrlichkeit! Die Gefahr! — Euer Herrlichkeit! (Eilen ihm in großer Besorgniß mit Sperling nach.)

Reaczerl (triumphirend). Macht nur Krawall, bringt die Verwirrung auf's Höchste, dadurch steigen die Aktien der Reaktion! (Folgt nach.)

### Scene 4.

**Frau von Frankenfrei. Ultra. Walpurga. Adele. Babette. Kathi.**

Fr. v. Frankenfrei (zu Ultra). Meinen Dank zur gelegenern Zeit, jetzt —

Ultra. Jetzt handelt sich's, wenn auch nur um ein Krähwinkler- — doch um ein Völkerglück, und ich fürchte, ich fürchte, Krähwinkel is nicht Wien, nicht Paris, nicht Berlin. Werden sie hier die nöthige Ausdauer haben? — Und dann is noch ein Uebelstand —

Fr. v. Frankenfrei. Welcher? —

Ultra. Krähwinkel hat keine Studenten.

Fr. v. Frankenfrei. Da könnte ich vielleicht Rath schaffen —

Ultra (mit einem Anflug von Eifersucht). So? —

Adele. Ach, das wär' schön! —

Babette. Im Ernst?

Kathi. Ah, nur Studenten!

Ultra. So angenehm mir das als Patriot ist, so unangenehm ist es mir als Anbeter.

Fr. v. Frankenfrei. Besorgen Sie nichts! (Zu den Mädchen.) Bleiben Sie hier, bis ich Ihnen meinen Plan mitgetheilt.

Ultra. Und was ist meine Aufgabe?

Fr. v. Frankenfrei. Eine höchst wichtige! Sie müssen es durch List dahin zu bringen suchen, daß der Bürgermeister mit dem auf Nachmittag angedrohten Ueberfall bis zum Abend zögert.

Ultra. Es ist Ihr Befehl, und die Liebe muß ex officio Wunder wirken.

Fr. v. Frankenfrei. Die Liebe, sagen Sie?

Ultra. Na freilich, was denn sonst? An Ihnen zeigt sich neuerdings der große Unterschied zwischen den indischen und europäischen Wittwen. Die indischen verbrennen sich selbst, und die europäischen setzen andere Leut' in Feuer und Flammen. (Geht rasch zur Mitte ab. Frau von Frankenfrei und die Mädchen zur Seite links.)

## Verwandlung.

Platz in Krähwinkel, im Hintergrunde links das Ligurianer-Kloster.

## Scene 5.

### Pemperl, Schabenfellner, Nachtwächter, Emerenzia Cäcilie, Krähwinkler.

(Die Krähwinkler, mit Hellebarden bewaffnet, umstellen die Pforte des Klosters.)

Schabenfellner (zu Emerenzia, welche in's Kloster wollte). Zurück, Alte! —

Pemperl (zu Cäcilie). Und noch mehr zurück, Junge!

Emerenzia. Was wär' denn das!? —

Nachtwächter. Bei die frommen Herren giebt's keinen freien Eintritt mehr!

Pemperl. Es wird gleich der gezwungene Austritt losgehen.

Emerenzia. Oh, ös gottlosen Leut' —!

Cäcilie (ängstlich). Gehen wir lieber fort! —

## Scene 6.

### Bürgermeister. Vorige.

Bürgermeister (von vorne rechts). Was geht hier vor? —

Emerenzia. Ah, Euer Herrlichkeit, diese Ketzer wollen die Ligurianer vertreiben.

**Bürgermeister.** Meine intimsten Freunde? — Da will ich denn doch gleich — (ergrimmt auf die an der Pforte stehenden Krähwinkler losgehend.) Fort! Augenblicklich! Ich werd' ein Gesetz ergehen lassen, daß nicht Drei beisammen stehen dürfen.

**Schabenfellner.** Hier steht ein freies Volk.

**Nachtwächter.** Was sich selbst die Gesetze macht.

**Pemperl.** Verstandevous —?

**Emerenzia** (den Bürgermeister nach vorne ziehend). Lassen's Euer Herrlichkeit gehen, es is nix z'reden mit die Leut'.

**Bürgermeister** (seinen Grimm verbeißend). Na, nur Geduld!

**Emerenzia.** Mir is nur um mein Mann, der is d'rin im Kloster.

**Bürgermeister.** So?

**Emerenzia.** Der Pater Prior hat ihm geschrieben, er soll kommen und einige wichtige Schriften zur geheimen Aufbewahrung übernehmen, 's is gar ein gescheiter alter Herr, der jeden Braten riecht, — folglich auch —

### Scene 7.
### Vorige. Ein Kellner.

**Kellner** (von Seite rechts auftretend). Euer Herrlichkeit, ein Brief!

**Bürgermeister.** Muß das hier auf der Straße? — Wozu hab' ich ein Einreichungsprotokoll?

**Kellner.** Es ist ein Reisender, der keine sechs Wochen Zeit hat, ein hoher Herr Incognitus.

**Bürgermeister** (den Brief nehmend). Geb' Er her — (Erbricht den Brief mit Unwillen und liest, nachdem er die ersten Worte unverständlich gemurmelt.) „einen Staatsstreich betreffs der Rebellen, mit Ihnen zu besprechen — erwarte Sie also gleich, um Ihnen noch vor meiner Abreise wichtige Instruktionen — (Spricht.) Wer ist denn unterschrieben? (Hat die Unterschrift im Stillen gelesen, mit dem Ausdruck des höchsten Staunens.) Ha! Ist's möglich! Hört auf zu tanzen, ihr Buchstaben — nein — 's ist Wirklichkeit — hier steht der historisch-notorische Namenszug — ich muß nochmals jedes Wort — (Liest den Brief im Stillen in höchster Spannung durch.)

## Scene 8.

### Vorige. Sigmund.

Sigmund (von rechts auftretend und mit größter Vorsicht Emerenzia im Auge behaltend). Cäcilie!

Cäcilie (ängstlich). Still, um's Himmelswillen!

Emerenzia. Mir is nur um meinen Mann! (Sieht mit ängstlicher Besorgniß nach dem Kloster).

Sigmund. Komm heute Abend um acht Uhr zum Rathhausbrunnen, aber verschleiert. (Geht mit Vorsicht, wo er gekommen, ab).

## Scene 9.

### Vorige, ohne Sigmund.

Emerenzia (zu Cäcilie). Was hat er denn wollen, der?

Cäcilie. Ich weiß nicht — von Schleier hat er was g'sagt —

Emerenzia. Ah so, wenn er nur weiß, daß Du Himmelsbraut bist!

Bürgermeister (nachdem er wiederholt im Stillen mit Ent= zücken gelesen). Soll pünktlich nach seinem erlauchten Willen — (Zum Kellner). Geschwind leg' Er mich zu Füßen — in der nächsten Minute werde ich — muß nur erst Fassung ge= winnen — pack Er sich —

Kellner. Sehr wohl — (Seite rechts ab).

## Scene 10.

### Vorige, ohne Kellner.

Nachtwächter (nach links in die Scene blickend). Halt, da maußt sich Einer fort. (Eilt links ab).

Pemperl. Besatzung an's Hinterpförtlein! (Zwei Kräh= winkler gehen, mit Hellebarden bewaffnet, dem Nachtwächter nach).

Bürgermeister. Was is denn los?

Emerenzia. Die Heiden, wie sie's in der Zeitung lesen von die großen Städt, so glauben sie, sie müssen's nachmachen bei uns.

## Scene 11.

Nachtwächter, Klaus, zwei Krähwinkler, Vorige.

Nachtwächter. Wir haben ihn schon.

Klaus (im Ligurianer Kostüm). Aber ich bin ja keiner — ich bin ja der —

Bürgermeister (staunend). Klaus!

Emerenzia. Mein Mann!

Die Krähwinkler (lachend). Ha, ha, ha, der Klaus is a Ligurianer wor'n.

Nachtwächter. Was hat Er denn da?

Klaus. Das geht Euch nix an! Das is vom Pater Ignatius! (Wehrt sich um einen großen Bündel, welchen er unter dem Mantel trägt.)

Nachtwächter. Nachher geht es uns erst recht an! (Entreißt ihm den Bündel.)

Klaus. Na wart, g'freu Dich!

Bürgermeister. In meiner Gegenwart Lynch=Justiz?! Unerhört, aber zittert! (Eilt Seite rechts ab.)

## Scene 12.

Vorige, ohne Bürgermeister.

Pemperl (zu Klaus). Weiter jetzt um a Haus! (Zieht sich zu den Uebrigen zurück, nur Klaus, Emerenzia und Cäcilie bleiben im Vordergrunde.)

Emerenzia (staunend). Aber Mann, wie kommst denn in das heilige Gewand?

Klaus. Der Pater Sebastian hat g'sagt, ich soll tauschen mit ihm, ich hab' ihm meine Uniform geben.

Emerenzia. Und Du hast Dich geopfert? — Siehst Du es, Cilli!

Klaus (Emerenzia umarmend). Weil ich Dich nur wieder hab'!

Emerenzia. Diese That wird Dir jenseits kurios —

Klaus. Ich freu' mich auf nichts, als auf den jüngsten Tag, Du wirst sehen, außer unserer Familie und a paar Beamte, kommt ganz Krähwinkel in b'Höll'. (Nach dem Hinter=grunde blickend). Aber Du, wie's zusammlaufen da! (Es be=ginnt Musik im Orchester. Ein großer Gesellschaftswagen fährt über die Bühne, die Krähwinkler bilden, wenn der Wagen hält, ein

Spalier von der Klosterpforte bis zum Wagen. Die sämmtlichen
Ligurianer kommen aus dem Kloster, und besteigen den Wagen unter
folgendem, von dem Volke gesungenen)

### Chor.

Wir sehen mit Freuden
Die schwarzen Herren scheiden.
O herrliche Zeiten,
Vorbei is der Druck!
Das is memento mori
Für d'Brüder Ligori,
Oh bitt'rer Zichori,
Kommt's nimmermehr z'ruck!

(Der Wagen ist mittlerweile gedrängt voll mit Ligurianern besetzt,
das Volk jubelt, der Wagen fährt ab. Klaus und Emerenzia drücken
im Vordergrunde händeringend ihr Bedauern aus und gehen im
Vordergrunde links mit Cäcilie ab.)

### Verwandlung.

(Vorsaal im Hotel zum Bock. Mittel- und Seitenthüre.)

## Scene 13.

### Sperling. Ein Kellner.

**Sperling** (entzückt aus der Seitenthür rechts kommend, zum
Kellner). Trotz der Gegenwart des Bürgermeisters durft'
ich ihm's vorlesen. Er hat es angenommen, der erlauchte
Gestürzte, zu Allem diplomatisch Lächelnde.

**Kellner** (die Hand aufhaltend). Darf ich bitten?

**Sperling.** Morgen, Freund! Ich weiß ja noch nicht,
ob das Honorar ein brillantirtes oder ein dukatiges sein
wird. (Bei Seite.) Ach Gott, wie der Mann in Millionen
schwimmt! So ein Gestürzter ist doch weit besser d'ran, als
Unsereiner, wenn er noch so aufrecht steht. (Zur Mitte ab,
Kellner folgt ihm.)

## Scene 14.

**Bürgermeister. Ultra** (ist als Diplomat gekleidet, mit weißer
Frisur und Adlernase, in einem Ueberrock, darunter aber eine reich-
gestickte Staatsuniform, aus der Thür rechts).

**Bürgermeister.** Bauen Eure erhabene Excellenz ganz
auf meine unbegrenzte Ergebenheit.

Ultra. Also, durchaus vor Einbruch der Nacht kein Ueberfall!

Bürgermeister. Hochdieselben scheinen überhaupt für die Nacht sehr portirt zu sein.

Ultra. Die Nacht war immer das Element meines Wirkens. Die Großen der Erde sind Sterne, folglich können sie nur dann leuchten, wenn's finster ist. In der Sonne der Freiheit verlischt das Sterngeflimmer, d'rum darf man sie nicht zu lange leuchten lassen. Uebrigens bleibt die Nacht nicht aus. Die allgemeine Verwirrung, die ich nähre, ist das dämmerige Dunkel, ein blutiges Abendroth, und die sternfunkelnde Nacht der Reaktion triumphirt am politischen Himmel.

Bürgermeister. Ich werd' ihm's ausrichten.

Ultra. Wem? —

Bürgermeister. Unserm Kommandanten Rummelpuff.

## Scene 15.

### Vorige. Klaus.

Klaus (in einem Uniform-Kaput gekleidet). Euer Herrlichkeit, der Fähnrich Rummelpuff wart' bei Ihnen.

Ultra. Das kommt apropos.

Bürgermeister. Ich werde ihm sogleich die diplomatischen Maßregeln —

Ultra. Adieu!

Bürgermeister. Tiefst, devotest Ergebenster!

Ultra. Wenn Sie nach London kommen, besuchen Sie mich. Jeder echt servil legitime Stock-Absolute macht mir die Aufwartung dort.

(Der Bürgermeister entfernt sich mit tiefen Bücklingen zur Mittelthür.)

## Scene 16.

### Klaus. Ultra.

Klaus (nachdem er Ultra mit scharfer Aufmerksamkeit betrachtet). Er ist's, ich kenn' ihn vom Porträt, die Nasen ist aber doch zu groß auf'n Bildl.

Ultra. Wünscht Er etwas, mein Freund?

Klaus. Hab' ich wirklich die Ehre, den großen Erfinder der Staatsschulden —?

Ultra. Der bin ich nicht, ich habe nur zu ihrer Ausbildung beigetragen.

Klaus. Bescheidenheit ist des Talentes schönste Zierde, diese liebenswürdige Humanität giebt mir den Muth zu ein paar politischen Fragen.

Ultra. Nun? —

Klaus. Sie haben den Don Carlos so nobel unterstützt, haben wir gar keine Hoffnung, daß er auf den Thron kommt? Und daß wir in Deutschland eine Inquisition kriegeten.

Ultra (achselzuckend). Die Realisirung dieser schönen Idee muß wohl vor der Hand problematisch bleiben.

Klaus. So soll aus diesen zahllosen österreichischen Zwanzigern uns gar kein spanischer Segen erblühen, und die guten Jesuiten in der Schweiz, is es denn wirklich aus mit ihnen?

Ultra. Oh, diesem Orden läßt sich neuerdings wieder ein günstiges Prognostikon prädestiniren.

Klaus. Ah bravo! Excellenz sind ein herrlicher Mann. Sie logiren in dem Gasthof, da werden Sie gewiß Abends in's Extrazimmer kommmen.

Ultra. Hm! Möglich! — (Wendet sich zum Gehen.)

Klaus. Das is g'scheit, ich muß Ihnen noch um Einiges wegen des seligen Napoleon befragen, wo nur Sie allein Auskunft wissen. (Mitte ab.)

Ultra (geht rasch in die Seitenthür ab). Abieu! —

### Verwandlung.

(Kurze Straße, nur eine Coulisse tief, im Prospekte links das Haus des Klaus, mit praktikablem Eingang.)

## Scene 17.

### Willibald. Nachtwächter.

(Ersterer ganz leger gekleidet, mit aufgelöftem Halstuch, trägt ein Brecheisen in der Hand.)

Nachtwächter (mit Willibald, von rechts). Nein, Mussi Willibald, das hätt' ich mir in meinem Leben nicht denkt, daß ich Ihnen so seh'.

Willibald. Nicht wahr, statt der Feder das Brech=
eisen in der Hand!

Nachtwächter. Statt Kanzleibogen herabzusetzen, reißen
Sie 's Pflaster auf.

Willibald. Statt Aktenstöße zu thürmen —

Nachtwächter. Helfen Sie beim Barrikadenbau.

Willibald. Werden Sie mir nun auch noch die
Hand Ihrer Tochter verweigern?

Nachtwächter. O Gott! Ich war ja mit Blindheit
g'schlagen, ich wollt', ich könnt' Ihnen großartig nach Ver=
dienst — eine Tochter für so einen Patrioten! Das is ja
eigentlich so viel als nix!

Willibald. Für mich ist es Alles! —

Nachtwächter. Na, mich g'freut's, wenn Sie so ge=
nügsam sein, und meine Tochter wird's auch g'freuen.
(Entzückt in die Coulisse sehend.) Aber da schauen's nur her —

Willibald. Was denn?

Nachtwächter. Wie sich das macht! (Mit Enthusiasmus.)
Das kleine Krähwinkel schaut ordentlich großartig aus, seit=
dem 's Barrikaden hat — was gebet ich d'rum, wenn ich
Wien g'sehen hätt' an dem Tag, — hier haben's schon
diese himmlischen Pflastersteiner nicht, die sind dort wie ge=
macht dazu.

Willibald. Das is wahr, übrigens ist es nicht der
Granitwürfel allein — unerschütterlicher Wille und Todes=
verachtung ist's, was den Barrikaden die Festigkeit verleiht.

Nachtwächter. Ich g'freu mich schon!

Willibald. Nun, so weit wird's wohl nicht kommen.
(Beide rechts ab.)


## Scene 18.

Klaus, Cäcilie, Sigmund (kommen von links. Cäcilie hat
einen Strohhut mit grünem Schleier auf, und das Gesicht sorgfältig
mit dem Schleier verbergend, hält sie denselben fest).

Klaus (Cäcilie am Arme führend.) Nein, das Zittern und
Herzklopfen, das is ja, als wenn ein Uhrwerk in Ihnen wär'.

Sigmund. Die Arme fürchtet sich so —

Klaus (zu Cäcilie). Haben Ihnen vielleicht die Stein=
haufen ängstlich gemacht, über die wir haben kraxeln müssen?

**Sigmund.** Ach nein! Sie fürchtet nichts als ihren Vater. —

**Klaus.** Na, jetzt, — der soll uns nicht gar zu viele Mäuse machen. Meine Begleitung macht ja die Sache so anständig, daß gar kein Mensch einen Anstand d'rin finden kann. (Für sich.) Die zwei Leut' g'fallen mir mit ihrem Geheimniß, als ob ich nicht troß dem Schleier doch wußt', daß es die Nachtwächterische Walperl is —

**Sigmund** (welcher leise mit Cäcilie ein paar Worte gewechselt). Sie fragt mich eben, warum wir diesen Umweg machen?

**Klaus.** Das hat einen wichtigen Grund. Ich hab' müssen bei mein Haus vorbei. Wissen's, es gehen heut allerhand Leut' herum in der Stadt, daß einem völlig angst und bang wird, wenn man's sieht, und da hab' ich in einem Wiener Blatt etwas g'lesen von einem Zauberspruch, der weit mehr als Schloß und Riegel wirkt. Wir werden gleich fertig sein. (Zieht ein Stück Kreide aus der Tasche und schreibt an das Hausthor.)

**Cäcilie** (leise zu Sigmund). Ich hab' Todesängsten —

**Sigmund.** Nicht doch, beruhige Dich! —

**Klaus.** So, das wär' in der Ordnung — (hat auf die Thüre die Worte geschrieben: „Heilig ist das Eigenthum").


## Scene 19.

### Vorige. Ultra.

**Ultra** (als Proletarier gekleidet, mit einer Spißhacke in der Hand, von rechts). Ach, mir g'schieht ordentlich leicht, seit ich nichts Diplomatischem mehr gleichseh'.

**Klaus** (Ultra bemerkend). Aha! (Zu Sigmund.) Da ist schon so ein verdächtiges Individuum. (Zu Ultra.) Da, Freund, lies Er's nur, was auf der Thür steht.

**Ultra.** „Heilig ist das Eigenthum." Oh, ihr Kapitalisten, ihr seid doch recht dalkete Leut'!

**Klaus.** Ach, mein Geld hab' ich nicht z'haus liegen, so g'scheit bin ich schon selber, aber man hat auch noch andere Sachen, in die man hohen Werth setzt.

**Ultra.** „Heilig sei das Eigenthum." Wenn diese Worte den Arbeitern nicht in's Herz geschrieben wären, was nützet denn das Geschmier auf allen G'wölbthüren herum?

Klaus (zu Sigmund und Cäcilie) Der wird noch grob — (Zu Cäcilie.) Ich bring' Ihnen an den Ort Ihrer Bestimmung, und wenn sich Ihr Vater gar nicht überreden lassen will, so sag' ich ihm's franchement, daß er ein dummer Kerl is. (Mit Beiden rechts ab.)

### Scene 20.

#### Ultra allein.

Ultra. Auf was giebt denn der gar so acht da b'rin, auf d'letzt — neugierig bin ich doch, na, und warum nicht, 's Anläuten verletzt ja das Eigenthum nicht. — (Läutet am Hause des Klaus.)

### Scene 21.

#### Vorige. Emerenzia.

Emerenzia (von innen). Was ist? — (Die Hausthüre halb öffnend.) Was will der Herr? —

Ultra. Is d'Frau allein zu Haus? — Niemand sonst? —

Emerenzia (ängstlich werdend). Allein bin ich — Mutterseelen allein — (mit steigender Angst.) um Alles in der Welt —

Ultra. Jetzt hat die Aengsten, — mach' d'Frau 's Thürl zu.

Emerenzia. Gott steh' mir bei! — (Schließt ab).

### Scene 22.

#### Ultra allein.

Ultra. Und da schreibt der Kerl: „Heilig sei das Eigenthum", ah diese Kreidenverschwendung, das ist zu stark! — Wer hätt' sich aber jemals dieses regsame bewegte Leben in dem friedlichen Krähwinkel als möglich gedacht? Wir haben jetzt halt überall die zweite Auflag' von der vor vierzehn Jahrhunderten erschienenen Völkerwanderung. Nur mit dem Unterschied, daß jetzt die Völker nicht wandern, sich aber

desto stärker in ihren stabilen Wohnsitzen bewegen. Natürlich,
so was wirkt nach allen Seiten hin, gährt und muß sich
abbeißen, und kann folglich nicht so g'schwind vorüber gehen.

### Lied.

In Sicilien beiden
Wär'n d'Menschen z'beneiden,
Herumspazieren immer
In ein' herrlichen Klima,
In d'Politik nix pantschen,
Schön fressen Pomerantschen.
Singen Lieder der Minne,
Zur Mandlboline
Selbst vesuvischem Brande,
Ruhig zuschau'n vom Strande,
So hätt's Leben in Neapel recht a friedliches G'sicht.
Aber d'Weltgeschicht sagt: Justamentnicht!
Nach Freiheit haben's g'rungen,
's is ihnen gelungen,
Da denkt sich der Köni:
Da wär' ich ja z'weni.
's Volk schreit mordionisch:
Nur nix mehr bourbonisch!
Die G'schicht ändern kann i,
Ich zahl' d'Lazaroni.
Mein Neapel soll's büßen,
Ich laß's halt z'sammschießen.
Eie, das war kurios,
Na, da giebt's noch ein Stoß,
's is die Gährung zu groß,
Es geht überall los.


In England wär's herrli.
So find't man's wohl schwerli,
's Geld nach Pfund, nit nach Kreuzer,
Chester-Käs statt an Schweizer,
Diese Beefsteaks, das Porter,
Die g'lehrten Oxforder,
Und troß daß s'Volk herrscht allmächtig,
Geht's der Königin doch prächtig,

Der Prinz Albert nix weiter,
Als Viktoria schreit er,
So hätt's Leben in London a recht freundliches G'ficht,
Aber d'Weltgeschicht sagt: Justamentnicht!
Betrachten wir's politisch,
Steht's in England sehr kritisch,
So viel Millionen Gulden
Hat gar kein Staat Schulden.
In dem Reich der drei Inseln
Thut auch z'viel Armuth winseln,
Aufgeklärt Okonellisch,
Wird ganz Irland rebellisch,
Denn der Hunger psychologisch
Ist rein demagogisch.
Ah ich bin d'rauf kurios,
Na, da giebt's noch ein Stoß,
Denn die Gährung is z'groß,
Es geht überall los.

Frankreich denkt sich: was thu i,
Es prellt uns der Louis,
Um d'Freiheit allmählich
Durch d'Minister gar so schmählich,
's thut's nit mehr orleanisch,
Werd'n wir republikanisch. —
's kommt zur Realisirung,
D'Proletarier-Regierung.
In einem Tag waren's auf Rosen
Gebettet d'Franzosen.
So hätt's Leben in Frankreich recht a freundliches Gesicht,
Aber d'Weltgeschicht' sagt: Justamentnicht!
Es wollen d'Republiken
In Europa nicht glücken,
Selbst für die von die Schweizer
Geb' ich keine fünf Kreuzer:
Von d'Pariser nicht wenig
Wollen schon wieder an König —
Woher nehmen und nicht stehlen! —
Viele kriegerische Seelen

Ein' Napoleon verlangen,
Da werd'n sie's erst fangen,
O, ich bin d'rauf kurios,
Na, da giebt's noch ein' Stoß,
Es is d'Gährung zu groß,
Es geht überall los.


Anders thut sich Oesterreich machen,
Da gehen umkehrt die Sachen,
Zwar is d'Aufgab' keine kleine,
Da z'kommen in's Reine,
's sollt' ein Cirkel Völkerschaften
An einem Mittelpunkt haften,
Unsere Aufgab' war schwierig,
Und Viele haben schon gierig
G'wart' auf unsere Auflösung,
(Niest.) Atzi! Zur Genesung.
Sie haben schon glaubt, daß Alles feindlich in Theile zerbricht,
Aber d'Weltgeschichte sagt: Justamentnicht!
Eine Freiheit vereint uns,
So wie eine Sonne nur bescheint uns,
G'schehen auch Umtrieb' von Ischl,
Oder von Leutomischel,
Wir kommen zur Klarheit,
G'sunder Sinn find't schon d'Wahrheit.
Und trotz die Differenzen
Wird Oesterreich hoch glänzen
Fortan durch Jahrhundert',
Gepriesen, bewundert,
Wir stehen da ganz famos
Und wir fürchten kein' Stoß,
Is die Gährung auch groß,
Bei uns geht nichts mehr los! —

(Rechts ab.)


### Verwandlung.

(Die Bühne stellt einen Theil des Hauptplatzes dar, wo derselbe in
eine etwas bergauf gehende Gasse endet. Vorne in der zweiten
Coulisse sieht man eine Barrikade, weiter im Hintergrunde eine
zweite, ganz im Hintergrunde eine dritte. Am Horizont sieht man

Vollmond, alle Fenster sind erleuchtet. Vor den Barrikaden stehen Arbeiter, unter ihnen Willibald und Nachtwächter, auf den Barrikaden Mädchen als Studenten kostümirt, hinter ihnen Bürger mit Hellebarden, unter ihnen Pemperl und Schabenfellner. Auf der ersten Barrikade Frau von Frankenfrei als Akademiker mit der Offizierschärpe, dann Walpurga, Cäcilie, Babette, Kathi, Adele, als Akademiker.)

## Scene 23.

### Alle oben benannten Personen.

(Die Krähwinkler halten einen Fackelzug.)

## Scene 24.

### Vorige. Bürgermeister. Klaus. Zwei Wächter.

**Bürgermeister** (wüthend von Seite links auftretend). Kühnheit ohne Gleichen, man errichtet Barrikaden!

**Klaus.** Das ist noch nicht dagewesen!

**Bürgermeister.** Und in fünf Stunden erfrecht man sich fertig zu sein.

**Klaus.** Der Magistrat hätt' fünf Monat b'ran gebaut.

**Fr. v. Frankenfrei** (mit den übrigen Mädchen auf den Barrikaden erscheinend). Was soll's? — Wir sind bereit zum Kampf auf Tod und Leben —

**Bürgermeister** (wie vom Donner gerührt). Himmel, Studenten!

**Klaus** (perplex). Studenten!

**Fr. v. Frankenfrei.** Seht uns hier, und wagt es, wenn es Euch zum Kampfe mit uns gelüstet!

**Bürgermeister** (vernichtet). Studenten! Klaus, hier ist nichts mehr zu thun. (Zu den zwei Wächtern.) Sprengt zurück zu Rummelpuff, ich lass' ihm sagen, es is nichts mit der Reaktion. (Zu den Uebrigen.) Und Du, widerspenstiges Krähwinkel, suche Dir einen andern Bürgermeister, ich gehe nach London.

**Alle.** Vivat!

**Klaus** (dem Bürgermeister nachrufend). Unter soviel gestürzten Großen hat auch ein gestürzter Dicker Platz.

# Scene 25.

## Vorige. Ultra.

**Ultra** (rechts mit einer Fahne, zu Frau von Frankenfrei). Darf ich Sie nun an Ihre ersten Worte zu mir erinnern, welche lauteten: „Sie sind mein Mann!"

**Fr. v. Frankenfrei.** An den Trophäen der Freiheit, an den Barrikaden, reich' ich Ihnen meine Hand.

**Willibald** (zu Walpurga). So wie Du mir die Deinige —

**Nachtwächter.** Mit'n Nachtwächter-Segen.

**Sigmund** (zu Cäcilie). Und Du, Cäcilie?! —

**Klaus** (auf's Höchste betroffen). Wer — was ist das? — Himmel, meine Tochter is Student!

**Sigmund** (zu Klaus). Sie selbst haben sie zu Frau von Frankenfrei geführt, um sie mit mir zu vereinen.

**Klaus.** Ein Student ist meine Tochter! Meinetwegen, aber das sag' ich Euch, vor der ersten Kindstauf' sieht mich kein Mensch in Krähwinkel! (Läuft ab.)

**Ultra.** Also, wie's im Großen war, so haben wir's hier im Kleinen g'habt, die Reaktion ist ein Gespenst, aber G'spenster giebt es nur für den Furchtsamen. D'rum sich nicht fürchten davor, dann giebt's gar keine Reaktion!

(Alles singt die erste Strophe der Volkshymne: „Was ist des Deutschen Vaterland." Unter allgemeinem Jubel fällt der Vorhang.)

Ende.

**Adler, Moritz, Offenes Sendschreiben an Professor Th. Billroth.** Mit einem Vorwort von Baronin Bertha von Suttner. Mk. —,50.

> Diese Broschüre vertritt die Friedensidee in der Behauptung, daß es menschlich sei, für die Pflege verwundeter Krieger die möglichste Sorge zu tragen, daß es aber noch menschlicher wäre, dafür zu sorgen, daß diese Krieger erst gar nicht verwundet werden.

**Berg, Richard, Rechtsanwalt, Der wirthschaftliche Notstand und ein Weg zum Bessern.** Mk. 2,—.

> Dieses Buch verteidigt mit seltener Geistesschärfe die Ideen der Bodenbesitzreform auf Grund der Regulierung der Erbschaftssteuer.

**Bismarck's, Fürst, gesammelte Reden.** 3 Bände 75 Druckbogen = 1200 Seiten in einem starken eleg. Bande, mit Portrait. Mk. 3,—.

> Diese einzige volkstümliche Sammlung von Bismarck's Reden ist gerade in neuester Zeit mit großem Erfolge und in zahlreichen Exemplaren von vielen Handlungen vertrieben worden.

**Bismarck's, Fürst, Briefe.** 1. Privatbriefe, 2. Politische Briefe. 25 Druckbogen = 400 Seiten, in einem eleg. broch. Flexibelband, reizender und auffallender Umschlag. Mk. 1,—.

**Birnbaum, Dr. med. Max, Die Kneippkur.** Die Wasserkur des Pfarrers Kneipp, ärztlich beleuchtet. Mk. 2,—.

> Diese Schrift über die Wasserkur des Pfarrers Kneipp ist deshalb von Wert, weil sie das Heilverfahren Kneipps vom ärztlichen Standpunkte aus beleuchtet.

**Cleef, Henny van, Die israelitische Küche.** Ein Kochbuch für das israelitische Haus. Hochelegant broschirt Mk. 4,—.
Hocheleg. Prachtband Mk. 5,—.

> Dieses wirklich gediegene und anerkannt beste Kochbuch für Israeliten eignet sich vermöge seiner vorzüglichen und eleganten Ausstattung vornehmlich zu Geschenken.

**Cleven, Dr. Karl, Die Verjüngungskur.** Mit besonderer Berücksichtigung der Injektions-Methode des Prof. Brown-Séquard in Paris. Mk. 2,—.

**Cleven, Dr. Karl, Die Haarkur.** Mk. 2,—.

**Daudet, Alphonse, Gesammelte Romane.** 10 Bde. in 2 hocheleg. Prachtbänden. Mk. 7,50.

> Diese Sammlung enthält die beliebtesten Romane Daudets (die älteren in etwas gekürzter Form) in handlicher und beispiellos billiger Ausgabe.

**Delman, G., Ehrlos.** Sociale Studie. Mk. 1,50.

Diese Schrift richtet sich in seltener Schärfe gegen einzelne Auswüchse unserer Zeit, wie Duell, Börse, Rassenhetze.

**Dornblüth, Dr. med. Otto, Hygiene der geistigen Arbeit.** Mk. 2,—.

Diese Schrift des bekannten Psychiaters ist weit über die Grenzen Deutschlands hinaus bekannt geworden. Verschiedene Uebersetzungen in fremde Sprachen beweisen die Gediegenheit des behandelten Themas.

**Duse, Eleonora, Führer durch das Gastspiel der Eleonora Duse.** Mit einer einleitenden Studie von Hermann Bahr, mit Portrait der Künstlerin. Eleg. Flexibelband. Mk. —,75.

Dieser Führer enthält das ganze Repertoire der Duse dergestalt arrangirt, daß der der italienischen Sprache Unkundige das volle Verständnis und den vollen Genuß von dem italienisch gespielten Stück behält. Jedes einzelne Stück des Repertoirs der Tragödie ist zuerst in erläuternder zusammenfassender Erzählung wiedergegeben, woran sich eine Akt für Akt, Scene für Scene die Darstellung und den Inhalt erläuternde Inhaltsangabe schließt, so daß der Zuschauer jeden Moment über die Handlung auf der Bühne kurz und sicher unterrichtet ist.

**Kornig, Dr. med. Th. G., Umgangs-Handbuch für den Verkehr mit Nervösen.** Mk. 2,—.

Ein äußerst zeitgemäßes Buch, das von Aerzten selbst empfohlen wird.

**Land, Hans, Die Stiefkinder der Gesellschaft.** Novellen. Mk. 2,—.

do. **Die am Wege sterben.** Novellen. Mk. 1,50.

do. **Sünden.** Novellen. Mk. 2,—.

do. **Amor Tyrannus.** Drama. Mk. 1,—.

Hans Land ist einer der begabtesten Autoren der jüngsten Schule. Seine Schilderungen sind von ergreifender Lebenswahrheit. — „Hätten unsere Jüngsten mehrere solcher Hans Land, sie würden auf dem Parnaß eine ganz andere Stellung einnehmen. („Frkf. Ztg.")

**Mill, John Stuart, Die Hörigkeit der Frau.** Deutsch von L. Stoeckmann. Mk. 1,—.

Die billigste Ausgabe des berühmten nationalökonomischen Werkes.

**Oser, Aesthetische Briefe.** Ein Weihgeschenk für Deutschlands Frauen und Jungfrauen. Illustrirter Prachtband. Mk. 4,—.

**Rain, L. Ph., Hygiene der Nahrungsmittel.** Mk. 2,—.

**Recheis, Georg, Kritische Reisebriefe.** Deutsche Städtebilder. Mk. 2,—.

Diese kritischen Reisebriefe sind vorher im „Berl. Tageblatt" erschienen und erregten ob ihrer großartigen Beobachtungsgabe und Schilderungsweise berechtigtes Interesse.